장성택 사건
숨겨진 이야기

정창현 지음

민족21 통일이야기 ②

장성택 사건
숨겨진 이야기

2014년 1월 6일 1쇄 발행
2014년 8월 18일 2쇄 발행

엮은이 ┃ 정창현
펴낸이 ┃ 윤관백
만든곳 ┃ 도서출판 선인
디자인 ┃ 디자인하나

주소 ┃ 서울시 마포구 마포동 곳마루 B/D 1F
등록 ┃ 제5-77호(1998.11.4)
전화 ┃ 02) 718-6252, 6257
팩스 ┃ 02) 718-6253
E-mail sunin72@chol.com
홈페이지 www.suninbook.com

ⓒ 도서출판 선인, 2014

정가 15,000원

ISBN 978-89-5933-679-1 94300
      978-89-5933-663-0 (세트)

역사주의적 접근과 해석이 필요하다

2013년 12월 '충격적인 사건'이 벌어졌다. 북의 장성택 노동당 행정부장 겸 국방위원회 부위원장이 '반당반혁명 종파행위'로 모든 직무에서 해임되고 '국가전복음모행위'로 사형집행된 것이다.

처음 당 행정부의 리룡하 제1부부장과 장수길 부부장이 처형되고, 장성택이 실각했을 가능성이 있다는 보도가 나왔을 때만해도 국내에서는 반신반의했다. 그러나 12월 8일 북은 김정은 노동당 제1비서가 주재한 노동당 정치국 확대회의에서 장성택 부장에 대해 '반당반혁명 종파행위'로 모든 직무에서 해임하고, 출당(黜黨) 및 제명한 사실을 확인했다.

북은 정치국 확대회의를 열어 장성택이 '반당반혁명적 종파행위'로 유일영도체계 저해, 당의 노선과 정책 왜곡, 부정부패행위, 도덕적 해이 등의 죄목으로 비판하고 그 자리에서 장성택을 체포했다. 4일 후인 12일 장성택은 국가안전보위부 특별군사재판에서 국가전복음모행위로 사형을 선고받고 즉시 집행됐다. 가택연금에서 사형까지 한 달도 채 안 돼 사건이 마무리된 셈이다. 북은 장성택에 대한 비판과 최종판결까지 공개적으로, 속전속결로 진행해 대내외에 미칠 이 사건의 파장을 최소화하려고 했다.

장성택 숙청이 준 충격

북의 '사실상 2인자'라고까지 불린 장성택의 갑작스러운 숙청은 남과 북에 큰 충격을 주었다. 다만 충격의 내용은 조금 다른 것 같다. 남에서는 그동안 장성택을 '개혁파', '제2인자', '김정은 제1위원장의 후견인'으로 평가해왔기 때문에 그의 숙청이후 북의 체제 변화와 정책방향에 미칠 파장에 비상한 관심을 보였다. 숙청배경에 대해서도 당과 군부의 '권력투쟁설'이 광범위하게 제기됐다.

반면 북에서는 당의 유일적 영도체계를 거스르는 '종파행위'가 있었다는 사실에 놀라움을 표시한 것 같다. 일본의 《조선신보》는 "조선(북)은 당의 유일적 영도체계를 세우는 것이야말로 '혁명의 천하지대본'이라고 내놓고 말해왔다"며 "이번 사태는 장성택을 '개혁파', '제2인자', '후견인'으로 보는 견해가 애당초 조선의 현실을 외면한 엉터리였음을 반증해주는 사변"이라고 해석했다. 또 "조선에 사는 보통사람들이 이번 사변으로 충격을 받았다면 그것은 종파의 숙청, 처형 자체가 아니라 국내에 당의 유일적 영도를 거슬러 정변을 기도한 자가 숨어있었다는 사실"이라고 평가했다.

북이 장성택에 대한 정치국 결정서와 판결문을 전격적으로 공개됐지만 아직까지 '장성택 숙청'의 정확한 배경을 파악하기는 쉽지 않아 보인다.

지난해부터 '세도', '관료주의' 척결 강조

우선 이 사건을 계기로 2012년 4월부터 2013년까지 1년여 동안에 북 내부에 어떤 정치적 흐름이 있었는지를 파악하는 것이 중요하다고 본다.

북은 2012년 4월 당대표자회에서 김정은 제1위원장을 노동당 제1비서로 추대한 후 '당의 유일적 영도체계' 확립을 기본과제로 설정했고, 간부들의 귀족주의와 관료주의 척결을 지속적으로 강조해 왔다.

대표적으로 2012년 6월 2일 《로동신문》은 정론을 통해 "지금은 밖에서 밀려오는 적이 무서운 게 아니라 사회주의 요람 속에서 성장한 일꾼(간부)의 관료화, 귀족화가 문제"라고 비판했고, 이후에는 '형식주의자', '책상주의자', '기술실무주의자' 등도 주요 비판의 대상으로 거론했다. 간부들의 문제점을 그대로 드러내고 내고 시정을 요구한 것이다.

그리고 2013년 1월 29일에 열린 제4차 당세포비서대회에서는 김정은 제1비서가 직접 "세도군, 관료주의자들이야말로 우리 당이 단호히 쳐야 할 주되는 투쟁대상"이라며 강도 높게 '세도'와 '관료주의' 척결을 강조했다.

김정은 제1비서는 6월 19일에도 노동당과 군, 내각 등의 고위 간부를 모아놓고 〈혁명발전의 요구에 맞게 당의 유일적 영도체계를 더욱 철저히 세울데 대하여〉라는 제목으로 '유일 영도체계' 확립에 대한 연설을 했다. 여기서도 노동당 내에서 배척해야 할 대상으로 '세도'를 가장 앞에 내세웠다.

지난해부터 거론되기 시작한 '귀족화', '세도'에 대한 집중적 비판이 직접적으로 장성택을 겨냥한 것인지는 확인되지 않았다. 그러나 당 정치국 결정서에서 "당에서는 장성택일당의 반당반혁명적 종파행위에 대하여 오래 전부터 알고 주시해오면서 여러 차례 경고도 하고 타격도 주었지만 응하지 않고 도수를 넘었기 때문에 더 이상 수수방관할 수 없어 장성택을 제거하고 그 일당을 숙청함으로써 당 안에 새로 싹트는 위험천만한 분파적 행동에 결정적인 타격을 안기였다"라고 지적한 점을 고려할 때 개연성은 충분히 있는 상황이다.

둘째로 장성택 숙청이 갖는 역사적 의미를 규정하기 위해서는 이 사건 자체뿐만 아니라 향후 정치적 결과와 파장까지도 시야에 넣어야 할 것이다. 무엇보다도 역사주의적 관점에서 장성택 숙청사건의 실체를 정확히 파악하고,

이에 기초해 종합적인 해석이 이뤄져야 할 것이다. 그 출발점은 적어도 2009년 북에서 후계자가 새로 등장하고, 후계자의 유일지도체계가 형성되는 시점까지 거슬러 올라가야 할 것이다. 1970년대 김정일 국방위원장이 후계자로 등장해 북에서 유일지도체계가 확립되는 과정과 비교해 역사적 의미를 찾는 작업도 이뤄져야 한다.

김정은시대 북, 재평가 작업 나설 때

그러나 장성택 숙청이 준 충격은 끝이 아니라 시작일 가능성도 있다. 특히 정치국 확대회의에서 제기된 '반당행위'에 대해서는 북의 정치적 흐름 속에서 어느 정도 해석이 가능한 측면이 있지만, 판결문에서 제기된 '정권전복음모'에 대해서는 구체적 사실이 적시돼 있지 않아 남쪽에서는 쉽게 수긍하기가 어려운 게 사실이다. 북이 제시한 것 외에 공개하지 않은 또 다른 무언가가 있는지도 변수로 작용할 것이다. 시간이 좀 흘러야 좀더 정확한 실상을 파악할 수 있을 듯하다.

장성택 숙청을 속전속결로 마무리한 북은 다시 일상으로 돌아갔다. 아직까지 대내외 정책에서도 별다른 변화를 찾기는 어렵다. 김정은 제1위원장도 강원도 현지지도를 나서 내부적으로 큰 동요가 없다는 점을 확인시켰다.

당의 유일적 영도체계 확립을 위한 결의대회와 사상교양은 지속적으로 이뤄지고 있다. 북은 당중앙위원회 정치국 확대회의 결정을 지지하며 김정은 제1위원장에게 충정을 맹세하는 결의편지 채택 모임이 성, 중앙기관들과 각지 공장, 기업소, 협동농장, 대학, 전문학교들에서 진행된 데 이어 각 근로단체별 결의대회를 통해 장성택 숙청이후 사회분위기를 추스르는 후속조치를 순서대로 진행했다.

표면적으로 보면 과거 1956년의 '8월종파사건'이나 1967년의 '박금철·이효순의 반당반혁명사건'의 사례에서 알 수 있듯이 장성택 숙청은 김정은 체제의 불안정성보다는 공고화로 귀결된 가능성이 크다.

북은 장성택 숙청에 대해 "유일영도체계의 확립, 강화의 계기점"이라고 규정하며, 유일적 영도체계 강화와 함께 선차적으로 풀어야 할 정책과제로 '경제건설과 인민생활 향상'를 강조하고 있는 만큼 대외관계에 개선에 적극 나서고, 경제특구 확대정책도 계속 유지할 것으로 전망된다.

장성택사건은 북 내부뿐만 아니라 우리에게도 많은 숙제를 던졌다. 북의 정확한 실상을 파악하고, 남북대화를 복원한 상호 신뢰를 마련하는 조치가 그 어느 때보다도 절실한 시점이다.

이러한 필요성에서 장성택 숙청과 관련해 북이 공개한 정치국 결정서와 판결문을 분석하고, 최근 북 내부의 흐름을 파악할 수 있는 글을 모아봤다. 여전히 풀리지 않는 미스터리가 많지만 이번 사태를 객관적으로 해석하고 향후 북의 정책방향을 파악하는데 도움이 됐으면 하는 바람이다.

2013년 12월 20일
정 창 현 《민족21》 편집주간

차 례

책을 펴내며 ¦ 역사주의적 접근과 해석이 필요하다 ⋯ **3**

1. 처음에는 반신반의(半信半疑)했던 '장성택 실각설' ⋯ **9**

2. 당 정치국 확대회의에서 채택된 '정치국 결정서'는
  어떤 내용을 담고 있나? ⋯ **25**

¦ 자료 1 ¦ **조선노동당 중앙위 정치국 확대회의에 관한 보도 전문** ⋯ **38**

3. '장성택 판결문'을 어떻게 읽을 것인가? ⋯ **43**

¦ 자료 2 ¦ **특별군사재판의 장성택 판결문** ⋯ **76**

4. 장성택은 누구인가? ⋯ **85**

5. 장성택 숙청이후,
  간부들의 관료주의와 부정부패 척결은 가능할까? ⋯ **97**

¦ 자료 3 ¦ **김정은 노동당 제1비서가 조선로동당 제4차 세포비서대회에서 한 연설** ⋯ **114**

6. 김정은시대 북의 '경제와 핵무력 건설 병진노선'을
  어떻게 볼 것인가? ⋯ **129**

7. 장성택은 '내각책임제 원칙 위반'을 위반했나? ⋯ **141**

8. 김정은시대 북은 어디로 가나? ⋯ **165**

1.

―

처음에는 반신반의(半信半疑)했던 **'장성택 실각설'**

부정부패 척결과 중앙당의 세대교체 본격화 계기
'권력투쟁설'은 신빙성 적다

2013년 12월 3일 국가정보원은 조선노동당 행정부의 핵심간부인
리용하 제1부부장, 장수길 부부장이 처형됐다고 공개했다. 죄목은 '비리 등 반당 혐의'였다.
국정원은 행정부장인 장성택 국방위원회 부위원장도 실각한 것으로 판단했다.
국내에서도 국회 국정원개혁특위 설치를 앞두고 국정원이 존재감을 드러내기 위한
'언론플레이'로 보는 시각도 만만치 않았다. 그러나 곧 장성택 숙청은 사실로 드러났다.
우선 세대교체란 측면에서 장성택 숙청을 분석해 봤다.

| 2013년 4월 29일 김정은 제1위원장이 부인 리설주와 함께 김일성경기장에서 열린 만경대상 체육경기대회 1급 남자축구 결승경기를 관람하고 있다. 장성택은 2013년에 들어 주로 체육, 문화 관련 행사에 모습을 드러냈다.

2013년 들어 장성택 부장의 당내 위상 저하

　장성택의 측근이 처형되고 장성택 마저 실각했다는 첫 보도가 나왔을 때 두 가지 내용이 주목됐다. 첫째는 북의 검찰, 인민보안부, 국가안전보위부 등 공안기관을 당적으로 지도하는 노동당 행정부의 핵심간부가 관련됐다는 점이다. 국가안전보위부가 내사를 했다고 하는데, 김정은 후계체제 수립에 앞장섰고, 김정은 제1위원장의 고모부이기도 한 장성택 행정부장의 위상이 확고했다면 가능하지 않은 조치일 수도 있다.

　결국 2013년 4월을 전후해 장 부장의 당내 위상이 흔들리지 시작한 것과 연관이 있는 듯하다. 정확히 확인된 것은 아니지만 장 부장은 2012년 말 위성발사와 2013년 2월 3차 핵실험 단행에 대해 '비판적 입장'을 개진했던 것으로 보이며, 자신의 입장이 수용되지 않으면서 확고한 입지가 흔들리기 시작한 것으로 판단된다.

중국의 한 대북소식통은 "2012년 4월 장성택 부장은 당의 일부 정책에 대해 수정건의를 할 의향을 가지고 있었으나 직접 김정은 제1위원장에게 보고하지 못하고 부인인 김경희 비서에게 대신 건의해 달라고 요청했다. 그러나 김경희 비서조차도 '최고지도자 동지가 내 이야기도 듣지 않아 어쩔 수 없다' 는 답변을 들었다고 알고 있다"며 "2013년에 들어와 당의 주요 정책결정 과정에서 장성택 부장의 발언권이 급속히 약화됐다"라고 말했다.

2013년에 들어와 장성택은 근신 중

실제로 장성택 부장은 2013년 5월 13일 김정은 제1위원장의 인민내무군 협주단 공연 관람 이후 6월 10일 평양국제축구학교 시찰에 동행할 때까지 공식석상에 모습을 드러내지 않았다. 평양국제축구학교 시찰에 동행한 것도 국가체육위원회 위원장 자격으로 동행한 것이다. 이후에도 장 부장은 체육경기 관람 등 국가체육위원회 위원장으로서 참석할 자리에 주로 모습을 드러냈다. 가장 최근인 2013년 11월 6일 평양체육관에서 열린 일본 체대 대표단과 북한 선수단의 농구경기에 모습을 드러냈지만, 이것도 역시 체육 관련 행사다. 사실상 '근신' 중이었던 셈이다. 2013년에 들어와 당 행정부장으로서의 역할에 '모종의 문제' 가 생긴 것이고, 이것이 막강한 영향력을 행사하는 당 행정부 핵심간부에 대한 검열을 막지 못한 하나의 이유가 된 것으로 보인다.

김정은 제1위원장 2012년부터 비리 척결 강조

둘째는 '비리 등 반당 혐의' 가 적용됐다는 점이다. '비리=반당' 이 된 것은 2012년부터 김정은 제1위원장이 당 간부들에게 가장 강조한 것이 '인민과 함께 실천하는 간부'였기 때문인 것으로 판단된다. 김정은 제1위원장은 2012년 4월 6일 당중앙위원회 책임일군(당중앙위원회 비서 및 부장급 간부)들과 만나 담화하는 자리에서 "민심을 떠난 일심단결이란 있을 수 없습니다"라며 "민심을 소홀히 하거나 외면하는 현상들과 강한 투쟁을 벌려야 합니다"라고 강조했다. 민심을 최우선으로 하는 정책을 펼치겠다는 선언이자 '인민을 위하지 않는 일꾼(간부)'에 대한 강력한 경고였다. 4월 15일 김일성광장에서 한 첫 공개연설에서도 그는 간부들이 "신발창이 닳도록 뛰고 또 뛰는 것을 체질화해야 한다"고 말했다.

그리고 다음달 초에는 만경대유희장을 현지지도하면서 직접 보도블록 사이에 난 잡초를 뽑으며 관리일꾼들의 복무자세에 대해 강하게 질책했다. 여기서 한 걸음 더 나아가 2012년 6월 2일《로동신문》은 정론을 통해 "지금은 밖에서 밀려오는 적이 무서운 게 아니라 사회주의 요람 속에서 성장한 일꾼(간부)의 관료화, 귀족화가 문제"라고 비판했다. 그의 이같은 발언과 행보는 고질화된 간부의 부정부패, 관료화·귀족화된 간부들의 행태를 그대로 방치하지 않겠다는 강력한 의지를 보인 것이다. 모든 간부들이 "일군(일꾼)을 위하여 인민이 있는 것이 아니라 인민을 위하여 일군(일꾼)이 있다"는 사상관점을 가지고 "낡은 사상관점과 뒤떨어진 사업기풍, 일본새(작업태도)와 단호히 결별"할 것을 주문한 것이다.

김정은시대의 새로운 '간부상(像)' 강조

그러나 김정은시대의 새로운 '간부상(像)'을 제시하며 여러 차례 질책도 했지만 고질적인 간부들의 병폐는 단기간에 척결할 수 있는 문제가 아니다. 그런 점에서 당의 핵심 중앙당 기구인 행정부 고위간부를, 그것도 공개처형이라는 극단적인 방법을 선택한 것은 당 간부들에 대한 강력한 경고메시지라고 볼 수 있다. 설사 인척이 관장하는 부서의 간부라도 새로운 '간부상(像)'에 맞지 않으면 지위고하를 막론하고 문책을 하겠다는 경고다.

특히 "과거 내각이 관할하는 '제1경제', 국방산업을 총칭하는 '제2경제'와 분리해 국가개발에 소요되는 자금 획득과 운용을 '제3경제'라고 부르며, 이를 당 행정부가 주도해 왔다는 점에서 노동당의 부서 중에서는 행정부가 '비리의 온상'이 될 가능성이 상존해 왔다. 그런 점에서 당의 핵심 중앙당 기구인 행정부 고위간부를, 그것도 공개처형이라는 극단적인 방법을 선택한 것은 당 간부들에 대한 강력한 경고메시지라고 볼 수 있다. 당 행정부의 핵심간부가 비리에 연루돼 처벌을 받으면서 행정부를 책임지고 있던 장성택 부장도 초기에는 과거처럼 일정기간 '자숙 기간'을 거칠 것으로 예상됐다.

세대교체 인사 단행할 듯

장성택 부장의 실각과정은 2012년 리영호 총참모장의 전격 해임되는 과정과 많이 닮아있고, 따라서 이후 후속조치도 유사하게 진행될 가능성이 크다.

북은 2012년 7월 15일 노동당 중앙위원회 정치국회의를 열어 리영호 당시 정치국 상무위원 겸 인민군 총참모장 해임을 결정했다. '신병관계'로 해임됐다고 발표됐지만, 김정은 제1위원장의 의중을 반영하는 최룡해 인민군 총정치국장과의 갈등이 원인이라는 게 중론이었다. 군부대가 운영하는 무역회사, 각종 경제적 관할권을 내각으로 이관하라는 김정은 제1위원장의 노선에 반발한 것으로 판단돼 군의 최고책임자를 전격 해임한 것이다. 이후 총정치국을 중심으로 한 군부에 대한 당적 지도가 강화됐고, 군 산하 무역회사들이 내각으로 이관되기 시작했다. 그리고 빈번하고 대대적인 인사를 통해 총참모장, 인민무력부장, 작전국장을 3세대로 교체했고, 인민군 각 군단의 군단장을 대장에서 상장으로 한 등급 격하하는 한편 군단장을 40~50대의 젊은 세대로 바꿨다. 이를 통해 김정은 제1위원장은 군부에 대한 직할체제를 확고히 했다.

이어 김정은 제1위원장은 2013년 4월 박봉주 전 당 경공업부장을 새 내각 총리로 임명한 데 이어 내각상(장관급)들도 대거 교체하는 '세대교체성 인사'를 단행했다.

지식경제시대에 맞는 3~4세대 간부 등용

2013년 8월 28일 청년절을 맞아 평양 김일성경기장에서는 '햇불컵' 1급 남자축구 결승전이 열렸다. 이날 김정은 제1위원장은 박봉주 내각 총리, 최룡해 군 총정치국장, 장성택 국방위원회 부위원장, 리영길 군 총참모장, 장정남 인민무력부장, 김경희 · 김기남 · 최태복 · 김양건 · 김평해 · 문경덕 당비서, 강석주 · 로두철 부총리, 조연준 당 조직지도부 제1부부장 등 당 · 정 · 군의 고위간부들과 함께 이 경기를 관람했다.

다음날 북의 언론매체들은 김 제1위원장이 경기를 관람하고 있는 사진을 여러 장 공개했는데, 그중 한 장의 사진이 눈에 띈다. 골이 들어가자 관중들이 환호하는 모습이다. 김 제1위원장이 활짝 웃고 있고, 박봉주 총리가 오른쪽 바로 옆자리에서 박수를 치고 있다. 장정남 인민무력부장은 아예 일어나 손을 높이 들어 박수를 치고 있고, 그 옆에 있는 한 군 간부는 일어나 만세를 부르고 있다. '격의' 없는 모습이다. 김정일 국방위원장 시절에는 좀처럼 보기 힘든 장면이었다.

| 김정은 국방위원회 제1위원장과 박봉주 총리가 청년절인 8월 28일 김일성경기장에서 '햇불컵' 1급 남자축구 결승전을 관람하고 있다. 이 자리에는 리영길 총참모장, 장정남 인민무력부장 등 3세대 군 간부들이 대거 참석했다.

당과 군의 2세대 인사들의 퇴진

또한 김정일시대와 비교해 보면 김정은 제1위원장 공식취임 후 북 군부의 핵심인물이 50~60대로 세대교체가 된 것을 확인할 수 있다. 김정일시대 마지막 시기 북 군부를 대표했던 김영춘·오극렬 국방위원회 부위원장, 리명수·현철해·박재경 대장 등의 모습이 보이지 않고, 김정은 제1위원장 등장 후 과도기적으로 군을 이끌었던 리영호 차수, 김정각 대장, 김격식 대장 등도 은퇴하거나 일선에서 물러나 명예직으로 자리를 옮겼다.

그 자리에는 상대적으로 젊은 군단장 출신의 새 얼굴들이 총참모장, 인민무력부장에 기용됐다. 리영길 총참모장, 장정남 인민무력부장은 2013년 8월 25일 열린 노동당 중앙군사위원회 확대회의 결정에 따라 상장에서 대장으로 승진된 것으로 보인다.

이로써 노동당 출신인 60대 초반의 최룡해 총정치국장이 김 제1위원장의 다음 가는 군 서열인 총정치국장을 맡은 것을 비롯해 군 수뇌부는 모두 김정은시대의 인물로 교체됐다. 2013년 들어 전방부대의 군단장이 전원 교체된 것을 비롯해 일선 군단장들의 상당수도 40대에서 60대 초반의 중장, 상장들로 교체된 것으로 전해진다. 군에 대한 당의 영도와 지도가 강화되면서 위상이 높아진 인민군 총정치국도 김수길 조직부국장, 렴철성 선전부국장 등 50대가 두각을 나타내고 있다. 김정은시대에 들어와 '3세대' 군부인사들이 약진하고 있는 셈이다.

노동당도 예외가 아니다. 북한은 전통적으로 '노 · 장 · 청 배합' 원칙에 따라 인사를 해왔다. 김정은시대에도 이 원칙은 유지되고 있다. 이에 따라 당 정치국과 비서국에는 60~70대 원로들이 포진해 있다. 그러나 김양건 비서를 제외하고 김정은 제1위원장의 지방 현지지도에는 주로 젊은 층의 당 중앙위원회 부부장들이 수행하고 있다.

현지지도에 젊은 당간부들이 수행

북한에서 현지지도는 '수령'과 '인민대중'이 직접 만나는 지점이고, 정치 리더십의 중요한 표현양식으로 자리 잡고 있다. 현지지도는 노동자, 농민들의 생산현장, 지식인들의 연구현장, 군인들의 각종 부대 등을 최고지도자가 직접 방문해 현장을 샅샅이 둘러보고 당면과제에 대한 해결방안을 직접 제시하고 지시를 내리는 방식이다. 물론 중국을 비롯한 다른 나라들에서도 국가지도자가 산업현장 시찰이나 주요 행사에 참가하는 일이 자주 있지만, 북의 현지지도는 유별난 데가 있다.

김일성 · 김정일시대에 현지지도가 일상화되어 최고지도자는 북 전역의

┃ 2012년 8월 31일 김정은 제1위원장은 리설주 부인을 동행하고 개업을 앞둔 해맞이식당을 현지지도했다. 김정은 제1위
원장이 부인이 건네 준 강냉이튀기(팝콘)을 들고 최룡해 인민군 총정치국과 대화를 나누고 있다.

생산현장, 연구현장, 군부대 등을 자주 방문해 평양에 머무는 날이 오히려 적
었던 것으로 알려져 있다. 그런 점에서 북에서 최고지도자의 현지지도는 노
동당의 정책방향을 상징적으로 보여주며, 현지지도에 누가, 얼마나 자주 수
행했느냐가 그 간부의 위상을 간접적으로 추정할 수 있게 해준다.

2013년의 경우 노동당에서는 황병서 부부장(조직지도부), 최 휘 제1부부장,
박태성 부부장, 마원춘 부부장 등 4인이 김정은 제1위원장의 현지지도에 자
주 동행하고 있다. 황병서 부부장은 조직지도부에서 군 담당이어서 군대와
관련된 경제단위 현지지도에 10차례 이상 동행했다.

최근 김정은 제1위원장의 경제부문 현지지도에 자주 등장해 주목을 받고
있는 인물은 최 휘, 박태성, 마원춘 3인이다. 최 휘 제1부부장은 최재하 전 건
설상의 아들로, 김일성종합대학을 졸업한 뒤 청년동맹 비서, 당조직지도부
당생활지도담당 부부장으로 활동했으며, 2000년 평양학생소년예술단을 이

끌고 서울을 방문한 경험이 있다. 2013년 5월 9일 김정은 제1위원장 부부가 전승절 60주년 경축공연을 준비 중인 은하수관현악단을 방문한 언론 보도에서 최 휘는 당중앙위 제1부부장으로 소개했다. 당에서 조직 또는 선전분야를 맡고 있는 것으로 보인다.

2013년 김정은 제1위원장의 경제부문 현지지도에 16차례나 동행한 박태성 부부장은 최측근 경제전문가로 추정될 뿐 상세한 이력은 알려져 있지 않다. 2012년 5월 9일 김정은 제1위원장의 만경대유희장 시찰 때 동행자 명단에 처음 이름을 올린 마원춘 부부장은 백두산건축연구원 출신으로, 주민편의시설인 류경원, 인민야외빙상장, 만수대지구 창전거리, 조국해방전쟁승리기념관 등 주요 시설물 건설현장에 동행해왔으며 당 재정경리부 부부장 겸 설계실장인 것으로 알려졌다. 모두 50대의 3세대 인물로 보인다.

최고인민회의 대의원과 내각쪽에는 세대교체가 더욱 빠르게 진행되고 있다. 내각의 경우 70대의 박봉주 총리, 강석주 부총리가 자리를 지키고 있지만 상대적으로 젊은 로두철 부총리를 비롯해 상(장관)급에는 40~50대들이 다수 기용돼 있다.

2000년대 중반부터 3~4세대 사상교육 강조

사실 주요 간부의 세대교체는 어느 나라나 일반적인 현상이고, 북에서도 지도자의 교체나 간부정책의 변화에 따라 세대교체가 점진적으로 이뤄져왔다. 대표적으로 김정일 국방위원장은 1997년 당 총비서에 공식 취임한 후 대중단체→내각→노동당→군의 순으로 세대교체를 단행한 바 있다. 특히 정보화시대에 맞는 '실력', 실제적인 성과를 내는 '실적'과 '실리' 등 '3실주의'가 간부 발탁에서 주요하게 고려됐다.

이러한 흐름이 김정은시대에도 그대로 이어지는 것은 자연스러운 현상이다. 특히 경제살리기를 최우선 목표로 설정하고 지방 현지지도에 적극 나서고 있는 김정은 제1위원장으로서는 활동력이 떨어지는 원로보다 의욕적으로 현장을 챙길 수 있는 실무 부부장들을 대동하고 현지지도에 나서고 것이 더 효율적이라고 판단했을 것이다. 사전에 예고 없이 불시에 현지지도에 나서는 등 현장에서 직접 실무를 챙기는 업무 스타일로 알려진 김정은 제1위원장의 정치리더십에도 어울린다. 당과 군의 원로를 대우, 배려하면서도 실제 현장 활동에서는 '3세대' 간부들을 주로 대동하고 있는 것이다. 실제로 최근 40대 후반~50대 초반의 소장층들이 당 중앙위원회 부부장으로 속속 승진하고 있는 것으로 전해진다.

김정일시대 후기에 부상한 북의 3~4세대는 해외의 새로운 조류에 민감하고, 컴퓨터를 기반으로 하는 정보화의 흐름에 적응하기 시작한 세대다. 또한 이들은 전쟁을 겪지 않은 세대로 대내외 노선의 변화에 공감하고 있다. 북은 2000년대 중반이후 "우리 사회의 주력을 이루는 혁명 3세, 4세들을 정치사상적으로 준비시켜야 한다"며 부쩍 3~4세대의 사상교육을 강조하기 시작했다.

또한 이 무렵부터 북은 "혁명 1세들은 조국을 해방했고, 2세들은 전승을 안아 오고 부강 조국의 기둥을 세웠다"면서 "이제는 3세, 4세들의 차례"라고 밝히면서 3세대의 역할론을 내세웠다.

전쟁을 겪지 않은 전후 세대

북에서도 전쟁을 겪지 않은, 1970~80년대에 대학이나 군관학교를 나온 새 세대가 2000년대에 들어와 급부상했고, 김정은시대에 들어와 북 사회와

I 평양의 아이들이 2012년 11월 대동강가에 새로 건설된 인라인스케이트장에서 즐거운 시간을 보내고 있다. 북은 평양뿐만 아니라 전국에 인라인스케이트장을 건설하고 있다. 김정은 제1위원장은 각종 편의봉사시설을 대대적으로 건설해 '주민편의에 신경 쓰는 지도자상'을 부각시키고 있다.

정치권의 주력으로 자리 잡은 것이다. 1990년대 중반 이른바 '고난의 행군' 시기를 거친 북의 3~4세대들은 혹독한 경제난을 경험한 만큼 경제부흥에 대한 열망 또한 크다고 할 수 있을 것이다.

아직까지 북의 3~4세대에 대한 인식과 역량에 대한 평가는 엇갈린다. 북의 3세대들은 1960~80년대 경제성장의 혜택을 받으며 소학교, 중학교, 대학교시절을 보내 '주체사상' 교육을 가장 체계적으로 받은 세대다. 북 3세대의 특징은 1970~80년대 경제가 비교적 좋은 상황에서 국가로부터 무상으로 체계적인 교육을 받으면서 사회주의 시스템을 체계적으로 습득한 엘리트층이라는 점이다.

북을 방문했을 때 만난 이들 세대는 '국가의 혜택'을 받은 만큼 충성도가 높고 사회주의 체제를 유지하려는 보수적 사고를 갖고 있었다. 내부 사회주의 경제운영의 개선, 대외무역의 활성화 등에서는 전향적인 태도를 보였지만 전면적인 개혁, 개방에 대해서는 상당히 부정적 시각을 나타낸 것이다.

중국의 한 북 전문가는 "북의 3세대들이 앞선 세대들보다는 '변화'의 필요성에 대해 인식하고 있지만 여전히 사회주의를 고수해야 한다는 생각은 유지하고 있다"며 "북의 개혁 개방은 제한적일 수밖에 없다"라고 평가했다. 그는 "2000년대 초반까지 김일성종합대학 졸업생들조차도 컴퓨터 교육이나 활용수준이 대단히 낮았다"며 "1980년대 후반부터 2000년대 초반까지 대학을 다닌 북의 4세대들은 전반적으로 과거보다 실무역량이 떨어지는 것으로 보인다"라고 덧붙였다.

반면 일본의 한 북 전문가는 "1990년대 후반부터 북이 외교, 경제관료를 중심으로 30~40대 젊은층을 적극 육성했다"며 "현재 북의 경제개혁을 주도하고 있는 새로운 세대는 세계 경제의 흐름이나 북 경제의 문제점 및 개선방향에 대해 잘 파악하고 있고, 실무역량이 뛰어난 간부들도 상당히 준비돼 있다"라고 평가했다.

어느 평가가 맞을 지는 향후 김정은시대 북의 선택을 지켜봐야 할 것이다. 다만 북이 지식경제시대에 맞는 '실력을 갖춘 간부'들로 점진적 세대교체를 추진하고 있는 점은 분명하다.

김정은 제1위원장은 2012년 4월 15일 김일성광장에서 열린 김일성 주석 탄생 100돌 경축 열병식에 참석해 한 첫 공개연설에서 김일성·김정일시대를 "자주의 길, 선군의 길, 사회주의 길"이라고 규정하고, 새로운 노선으로 '새 세기 선업혁명을 통한 지식경제강국 건설'을 제시했다. 세계적 추세와 지식경제시대에 맞는 세대교체 방향과 새로운 간부 등용 기준을 제시한 셈이다.

그런 점에서 노동당 중앙당 간부들에 대한 인사는 어느 정도 예고돼 있었다. 실제로 북은 2010년 9월을 전후로 도 및 직할시 책임비서를 전면 교체했고, 이후 새로운 도 및 직할시 책임비서 주도아래 지방의 중하급 당 간부에 대한 검열과 인사가 이어졌다. 특히 2010년 11월 말에 열린 도당책임비서회의는 60세 이상 노세대 당원들과 장애인 당원들을 '명예당원'으로 이전시킬 것을 결정해, 60세 이상 당원 100만 명을 명예 당원으로 전환하고 그 자리를 20~30대 신진 당원들로 채우는 과정이 진행된 것으로 전해진다. 또한 2010년부터 시작해 2011년 6월경까지 북은 시·군 안전보위부와 인민보안서에 젊은 층 간부들을 대거 배치한 것으로 전해진다.

'권력투쟁설'은 신빙성이 떨어져

이러한 흐름 선상에서 노동당 중앙당에 대한 검열과 인사는 어느 정도 예상된 수순이고, 장성택 숙청과 당 행정부 고위간부의 처형을 계기로 중앙당 부장, 부부장급에 대한 대대적인 인사태풍이 불 것으로 예상된다. 핵심은 역시 김정은시대를 이끌어갈 3~4세대로의 세대교체다. 바야흐로 북에 3세대가 본격적으로 권력의 전면에 부상하는 셈이다.

북이 향후 김정은 제1위원장과 10년 이상 함께 호흡을 맞춰 북을 이끌어갈 수 있는 간부들로 핵심을 꾸리고 65세 이상의 고령 간부들은 일선에서 점차 물러나게 할 것이라는 전언들에 비추어 이번 당 행정부 고위간부 처벌은 이같은 흐름을 가속화하는 신호탄이 될 것이라는 관측도 가능케 한다.

일부 북 전문가들은 장성택의 실각이 최룡해 인민군 총정치국장간의 권력투쟁설이 제기되고 있지만 지금까지 최룡해 국장을 '장성택 라인'의 사람으로 분석 또는 보도해 왔다는 점에서 설득력이 떨어진다.

또한 향후 크고 작은 권력투쟁이 잇달아 체제 불안정이 심화할 수 있다, 김정은 정권 권력 지형의 격변을 예고한다는 등 다양한 예측도 나온다. 그러나 리영호 총참모장의 해임 때도 비슷한 예상들이 나왔으나 빗나간 것처럼 장성택 부장의 실각이 김정은체제의 안정성에 미치는 영향은 크지 않을 것으로 전망된다.

또한 최근 북의 대외, 대남정책, 내부 경제정책 등에 장성택 부장의 영향력이 저하돼 있었다는 점에서 북의 정책방향 변화도 크지 않을 가능성이 높다. 오히려 장기적으로 보면 당, 정, 군에 대한 김정은 제1위원장의 직할체제가 강화되고, 젊은 세대가 전면에 등장하면서 김정은시대의 색깔을 더 뚜렷이 보여주는 정책이 나올 것으로 예상된다. ☼

2.

당 정치국 확대회의에서 채택된 **'정치국 결정서'**는
어떤 내용을 담고 있나?

'반당·반혁명 종파행위'로 장성택 체포
정치국 결정서 이례적으로 공개

2013년 12월 8일 장성택 노동당 행정부장 겸 국방위원회 부위원장이
'반당반혁명 종파행위'로 모든 직무에서 해임되고 출당(黜黨), 제명된 것으로 확인됐다.
북은 12월 8일 김정은 노동당 제1비서가 주재한 노동당 정치국 확대회의에서
장성택 부장에 대한 이 같은 내용의 정치국 결정서를 채택하고 공개했다.
정치국 결정서의 핵심내용을 분석해 봤다.

| 2012년 9월 김정은 제1위원장 대동강타일공장을 현지지도할 때 공개처형된 것으로 알려진 리용하 행정부 제1부부장(왼쪽)이 김정은 제1위원장에게 생산 재료에 대해 설명하고 있다. 오른쪽에 장성택 부장이 서 있다. 대동강타일공장 현지지도 때 이 공장의 지배인이나 당 비서가 아닌 당 행정부의 '3인방'이 나서서 설명하고 있는 이 장면이 역설적으로 이들의 숙청 배경을 엿볼 수 있게 한다.

정치국 확대회의에서 결정서 채택

조선노동당은 해임 등 주요 간부들의 징계안을 일요일에 상정, 결정하는 것으로 전해진다. 북은 2012년 7월 15일 노동당 중앙위원회 정치국 회의를 열고 리영호 총참모장을 정치국 상무위원회 위원, 정치국 위원, 당 중앙군사위원회 부위원장 등의 모든 직무에서 해임하기로 결정했는데, 이날도 일요일이었다.

북은 12월 9일 장문의 《조선중앙통신》 기사를 통해 전날 채택된 정치국 결정서 내용을 보도하면서 "장성택과 그 추종자들이 저지른 범죄행위는 상상을 초월하며 우리 당과 혁명에 끼친 해독적 후과는 대단히 크다"고 밝혔다. 장성택에게 적용된 죄목은 '반당반혁명적 종파행위'로 유일영도체계 저해, 당의 노선과 정책 왜곡, 부정부패행위, 도덕해이 등이 망라됐다.

'반당 · 반혁명 종파행위' 가 핵심

장성택 숙청의 가장 주요한 사유는 '반당.반혁명 종파행위' 다. 북한에서 '종파분자' 란 개인이나 분파의 이익을 추구하며 당과 혁명운동을 분열, 파괴하는 집단을 가리킨다. 북은 1958년 제1차 당대표자회 이후 노동당 내에서 '종파' 는 기본적으로 척결됐다고 보기 때문에 이번에 적용된 '종파행위' 는 장성택이 자신을 추종하는 '분파' 를 만들어 김정은 제1위원장과 당의 영도에 '반기' 를 들었다는 의미로 해석된다.

정치국 결정서는 '장성택과 그 추종자들' 이 김정은 제1위원장의 명령에 불복했으며 당의 노선과 정책을 집행하는 데도 태만하거나 왜곡했다고 지적했다. 장성택이 노동당 정치국회의나 국방위원회에서 결정된 사안에 대해 '반대의견' 을 표명했거나 집행을 제대로 하지 않았을 가능성이 있는 것이다. 실제로 장성택은 2012년 하반기부터 당 정치국의 결정사항에 대해 다른 의견을 보였던 것으로 보인다. 12월 6일자 《중앙일보》의 보도 내용은 사실에 근접한 것으로 보인다.

대북 소식통은 "북한이 최근 발표한 14개 경제특구를 선정하는 과정에서 장성택이 '나진은 썩었다' 고 발언하는 등 경제특구 확대 조치에 대한 반대를 했다"며 "김정은이 기업이나 기관에 자율권을 부여해 생산성과를 늘리는 독립채산제를 확대해 실시하는 것에 대해서도 아직은 시기상조라는 입장을 보였다"고 말했다. … 개성공단 폐쇄 문제를 놓고도 김정은에게 반대했다고 한다. 그는 지난 3월 부인인 김경희 당 비서에게 "지도자 동지(김정은)가 당신(김경희) 말은 들을 테니 그러면 (공단을 폐쇄하면) 안 된다고 말 좀 하라"는 주문을 했다고도 정보 당국은 파악하고 있다. 지난해 12월 국가체육지도위원회 위원장으로 권력의 중심에서 한 걸음 물러나 있었지만 남북관계나 국제사회의 반향 등을 고려해야 한다는 이유에서 직·간접적으로 영향력을 행사하려 한 셈이다.

'동상이몽, 양봉음위' 지적

정치국 결정서에서 장성택에 대해 "당의 유일적 령도체계를 세우는 사업을 저해"하고, "앞에서는 당과 수령을 받드는척하고 뒤에 돌아앉아서는 동상이몽, 양봉음위(陽奉陰違, 앞에서는 받드는 척하지만 뒤로는 다른 행동을 함) 하는 종파적 행위를 일삼았다"라고 지적한 것도 이와 관련된 것이다. 즉 공식회의 석상에서는 자신의 의견을 제출하지 않고, 결정사항에 대해 불만을 표시하며 수정을 시도했을 가능성이 농후하다.

이러한 장성택의 행동이 '정치적 야심'에 따라 '자기에 대한 환상'을 지어내고 '신념이 떨떨한(분명하지 못하고 모호한) 자들', '아첨분자들'을 모아 분파를 만들고 '지난 시기 엄중한 과오를 범해 처벌을 받은 자들'을 주요 직위에 앉혀 세력을 키웠다는 비판으로 이어진 셈이다.

'지난 시기 엄중한 과오'는 2004년 장성택의 측근 당 부부장 아들의 '호화결혼식 및 음주사고' 여파로 장성택이 2년간 김일성고급당학교에서 재교양을 받고, 이른바 '장성택 인맥'으로 꼽혔던 간부들이 대거 해임, 좌천됐던 일을 거론한 것으로 추측된다. 2년 뒤 장성택이 다시 당 제1부부장으로 임명되면서 당시 좌천된 인물들 또한 주요 보직으로 복귀한 것으로 전해진다.

이에 대해 정치국 결정서에서는 "당에서는 장성택일당의 반당반혁명적 종파행위에 대하여 오래 전부터 알고 주시해오면서 여러 차례 경고도 하고 타격도 주었지만 응하지 않고 도수를 넘었기 때문에 더 이상 수수방관할 수 없어 장성택을 제거하고 그 일당을 숙청함으로써 당 안에 새로 싹트는 위험천만한 분파적 행동에 결정적인 타격을 안기였다"라고 지적했다.

또한 정치국 결정서는 "사법검찰, 인민보안기관에 대한 당적 지도를 약화시킴으로써 제도 보위, 정책 보위, 인민 보위사업에 엄중한 해독적 후과를 끼쳤다"고 지적했다. 당 행정부가 사법 및 검찰, 인민보안기관(인민보안부와 국가안전보위부 등)을 관할하면서 '장성택 부장의 권위'를 이용해 당 조직지도부의 해당기관에 대한 당적 지도를 방해했다는 의미다.

내각책임제 원칙 위반

정치국 결정서는 '장성택 일당'이 "교묘한 방법으로 나라의 경제발전과 인민생활 향상에서 주요한 몫을 담당한 부문과 단위들을 걷어쥐고 내각을 비롯한 경제지도기관들이 자기 역할을 할 수 없게 만들었다"고 밝혔다. 당이 제시한 내각중심제, 내각책임제 원칙을 위반했다는 것이다. 2012년부터 김정은 제1위원장은 경제사업에 대한 내각의 '통일적 지도'를 강조하며 명실상부하게 '내각책임제' 확립을 추진해왔다. 이에 대해 군부가 소극적 태도를 보이자 2012년 7월 리영호 인민군 총참모장을 전격 해임까지 했다.

이번에 '내각책임제 원칙 위반'이 거론된 것은 이른바 '제3경제'와 관련된 것으로 추정된다. 2010년 해외투자유치기관으로 조선합영투자위원회가 설립된 후 이 기관 관계자들은 '3경(經)'이란 말을 자주 언급했다. 제1경제(내각 경제), 제2경제(군수)와 별도로 '제3경제'를 지칭하는 말로, 해외유치자금을 내각이 운용하는 국가예산에 반영하지 않고 별도로 노동당 행정부가 관할하는 경제영역을 의미한다. 행정부가 관할한 '제3경제'에 대해 정치국 결정서는 "국가재정관리 체계를 혼란에 빠뜨리고 나라의 귀중한 자원을 헐값으로 팔아버리는 매국행위를 했다"라고 지적했다. '제3경제'가 김정은 제1위원장의 방침이 아닌 장성택 주도로 이뤄졌다는 것을 시사한다.

장수길 부부장이 각종 이권 개입

특히 이번에 처형된 것으로 알려진 장수길 행정부 부부장의 '횡령'이 집중적으로 거론됐을 것으로 보인다. 장수길 부부장은 김정은 제1위원장이 2013년 야심 차게 추진한 마식령스키장 건설자금을 광산개발권을 매개로 해외에서 유치하면서 그중의 일부 자금을 유용, 횡령한 것으로 전해진다. 이것이 발각되면서 장성택사건의 직접적 도화선이 됐을 가능성이 크다.

장성택은 김정은 제1위원장 주도로 추진되고 있는 경제특구 확대정책에도 비판적 입장이었던 것으로 알려져 있다. 이른바 '속도조절론'이다. 그러나 북은 2013년 5월 29일 경제개발구법을 제정, 공표해 13개 직할시 · 도와

| 2012년 9월 김정은 제1위원장 대동강타일공장을 현지지도할 때 장수길 행정부 부부장이 김정은 제1위원장 옆에서 수행하고 있다(앞줄 왼쪽에서 두 번째).

220개 시 · 군 · 구에 지역 특성에 맞는 경제개발구 설치를 추진해왔다. 이러한 상황에서 장성택의 비판 발언은 '반당적 행위'로 비춰질 수 있는 사안이었다.

부정부패 · 타락행위 추가

정치국 결정서는 장성택 부장의 독직행위와 문란한 사생활도 문제를 삼았다. 과거 여러 차례 지적됐던 사생활까지 거론한 셈이다. 2005년 평양을 방문한 정동영 전 통일부장관이 장성택의 안부를 묻자 김정일 국방위원장은 "남쪽에 가서 폭탄주도 배우고 해서, 아파서 쉬게 했다"며 에둘러 이야기한 것처럼 그의 개인생활에 대해서는 과거에도 여러 차례 문제가 됐었는데, 이번에 아주 구체적으로, 공개적으로 비판의 대상이 됐다. 대단히 이례적인 일이다. 당 간부들의 부정부패에 대해서는 지위고하를 막론하고 강력하게 처벌하겠다는 의지를 보인 셈이다.

정치국 결정서는 "우리 당은 앞으로도 혁명의 원칙을 저버리고 당의 령도에 도전하며 당과 국가의 리익, 인민의 리익을 침해하는 자는 그가 누구이든 직위와 공로에 관계없이 추호도 용서치 않을 것"이라고 강조했다. 장성택 숙청을 통해 당의 유일적 영도체계를 강화하고, '양봉음위'하는 일부 고위간부들에게 강력한 경고음을 울리겠다는 것이다.

장성택 숙청의 성격

'장성택 사건'은 1967년 당 유일사상체계 위반으로 숙청된 박금철 당위원장 사건, 1976년 당의 간부, 계급정책에 이의를 제기했다 후계체제에 반기를

든 것으로 비판받아 숙청된 김동규 부주석 사건에 비견될 정도로 노동당과 북 사회에 큰 파장을 미칠 것으로 전망된다. 그러나 이 같은 노동당 내 사건들이 오히려 당의 유일사상체계와 후계자의 유일지도체계 강화로 이어졌던 과거 역사를 통해 볼 때 장성택사건도 북 체제의 불안정성을 강화하는 쪽보다는 김정은 제1위원장의 유일영도체제가 공고화되는 방향으로 귀결될 것으로 예상된다.

북에서 당·정·군의 고위간부가 해임될 경우 남쪽의 언론들은 대체로 '숙청'이라고 보도하지만 숙청의 성격에 따라 크게 세 가지 유형으로 분류할 수 있다.

첫째는 사망, '신병' 등 비정치적 이유로 더 이상 공직을 수행할 수 없는 경우다. 뇌출혈로 쓰러진 우동측 국가안전보위부 제1부부장이 대표적이다. '명예 퇴직'의 경우도 이런 유형에 해당된다.

둘째는 정치적 이유로 해임된 뒤에 다시 재기하지 못하는 경우다. 2005년 '공금 유용 혐의' 해임된 정하철 선전담당비서, 2011년 '간첩 혐의'로 총살된 것으로 알려진 류경 국가안전보위부 부부장 등이 대표적이다.

셋째는 정책집행과정이나 사업과정에서 범한 실수로 일시 해임됐다 재교양(혁명화)을 거쳐 다시 현직에 복귀하는 경우다. 최룡해 총정치국장, 박봉주 총리, 리광근 조선합영투자위원회 위원장 등 많은 노동당과 내각의 간부들은 한번쯤 재교양과정을 거친 경우가 많다. 2011년 해임됐던 주상성 인민보안부장도 2년 만에 복권돼 2013년 7월 전승절 기념행사에 모습을 드러냈다.

이번에 숙청된 장성택은 어느 유형에 해당할까? 당연히 두 번째 유형에 속한다고 할 수 있다. 장성택 부장은 2004년 해임돼 2년간 재교양과정을 거쳐 당에 복귀했지만, 이번에는 출당에 이어 특별재판을 통해 사형이 집행됐기 때문이다.

행정부 해체하고 조직지도부 강화

더구나 김정은 국방위원회 제1위원장이 '노동당 과장급 이상 간부를 새로 임명할 때 50세 이상은 배제하라'고 지시한 바 있어 68세인 장 부장이 사형되지 않고 설사 재교양과정을 거치더라도 다시 당의 고위급에 임명되기는 어려운 조건이었다.

장성택 부장의 숙청으로 김정은 후계체제 및 김정은체제 수립과정에서 막강한 영향력을 행사했던 노동당 행정부는 과거처럼 당 조직지도부 산하의 한 부문으로 축소되고, 조직지도부의 위상이 강화될 것으로 예상된다. 당 행정부의 주요 간부에 대한 해임 및 인사도 뒤따를 것이다. 실제로 장성택 숙청 후 각 도·시·군 당 위원회의 행정부에 모든 업무를 중단하라는 지시가 내려간 것으로 전해진다.

지방 당조직에 행정부가 설치된 것은 장성택이 당 행정부장에 임명된 2007년부터인 것으로 알려져 있다. 과거에는 지방당 조직부가 지역의 공안기관을 담당하며 인사권을 쥐고 있었지만 장성택이 당 행정부장이 되면서 말단 군에까지 행정부가 설치돼 지역 공안업무를 총괄해온 것이다. 이 과정에서 지방당 행정부는 지방당의 핵심인 조직부와 끊임없이 마찰을 빚었고, 장성택 숙청으로 업무가 중단되면서 그동안 맡아오던 사업들은 조직부에 이관된 것으로 보인다.

특히 2012년 하반기부터 2013년 상반기까지 인민군 내의 세대교체를 완료한 김정은 국방위원회 제1부위원장은 장성택 사건을 계기로 노동당 중앙당의 세대교체를 단행할 것으로 전망된다. 김정일 국방위원장은 생전에 30대~40대 초반의 3, 4세대를 중심으로 김정은 체제를 떠받치고 나갈 신진엘리트를 준비해 놓은 것으로 알려져 있는데, 이들이 자연스럽게 김정은시대

노동당의 중심간부로 부상할 것이다.

김정은시대에 들어와 북은 당·정·군의 주요 인사 218명 중 100여 명을 새로운 인물로 교체했다. 노동당 내에서도 암으로 사망한 김양성 통일전선부 부부장을 비롯해 40여 명의 간부가 교체된 것으로 파악된다. 앞으로 중앙당의 부장, 제1부부장, 과장급의 인사들 중 50~60대 인사들 사이에서는 후속 인사가 이어질 가능성이 크다.

노·장·청을 배합하는 간부정책 유지

그러나 전통적으로 북은 노·장·청을 배합하는 간부정책을 유지해왔기 때문에 정치국이나 비서국의 원로층에는 큰 변화가 없을 것이다. 더구나 이번 장성택 부장의 숙청이 흔히 거론되는 최룡해 총정치국장으로 대표되는 군부와의 '권력투쟁'에서 비롯된 사건이 아니기 때문에 당과 군 전반으로 영향이 확대되지는 않을 것이다. 따라서 김영남 최고인민위원회 상임위원장을 비롯해 박봉주 내각총리, 김기남·최태복 비서 등 원로층은 건강이 허락하는 한 자리를 지킬 것으로 예상된다.

실제로 장성택 사건 발생 후에도 박봉주 총리, 로두철·김인식 부총리 등 내각의 주요 인사와 김양건·곽범기 노동당 비서 등이 정상적으로 활동하고 있는 것이 확인된다.

이러한 상황은 장성택 부장의 실각으로 노동당 중앙당의 운영방식과 간부층에 상당한 변화가 수반되겠지만 북의 대내외정책에 미치는 영향은 크지 않을 것이라는 점을 시사한다. 북 내부의 경제관리개선조치를 주도하고 있는 곽범기 비서, 박봉주 총리와 로두철 부총리가 모두 자리를 지키고 있는 점도 이를 뒷받침한다.

경제개선 및 개방정책 기조 유지

해외자본유치와 경제특구 확대, 경제기반시설 건설을 담당할 조직으로 설

l 2010년 대풍그룹이 작성한 〈조선민주주의인민공화국 경제개발중점대상 개요〉. 북이 2010년에 수립한 '국가경제개발
10개년 전략계획' 의 대략적인 내용을 엿볼 수 있다.

립된 국가경제개발위원회도 김정은 제1위원장의 세대교체 방침에 따라 위원장에 김철진 · 리철석 전 조선합영투자위원회 부위원장보다 나이가 젊은 50대의 김기석 전 조선합영투자위원회 부위원장이 임명됐다. 국가경제개발위원회 당 비서에는 김양건 노동당 비서 겸 통일전선부장의 동생인 김양국이 기용됐다. 따라서 경제특구 확대나 해외자본 유치사업에도 큰 영향을 없을 것으로 보인다.

일각에서는 장성택 부장이 중국과의 파이프 역할을 하고, 남북대화, 대미협상 등을 주도해왔다는 점에서 그의 숙청이 북의 외교와 북중경협에도 영향을 줄 수 있을 것이라고 전망한다. 그러나 2012년 말부터 장성택의 발언권이 약화됐던 점, 북의 대내외 주요 정책이 협의기구를 통해 결정되고 있다는 점을 고려할 때 설득력이 떨어지는 분석이다. 2009년부터 2010년에 걸쳐 이뤄진 당, 정, 군에 대한 조직개편 이후 북은 김정일시대에 파행적으로 운영되던 당 중앙위원회 전원회의, 정치국 회의, 당중앙군사위원회가 정상적으로 가동하고 시작했고, 국방위원회와 내각 전원회의도 수시로 열리고 있다.

또한 2013년 5월 29일자로 제정한 경제개발구법에서 확인되듯이 북의 경제특구 확대정책 등 김정은시대의 주요 정책이 조직의 집단적 결정과 법률로 뒷받침되고 있기 때문에 일부 간부의 인사이동으로 잠시 영향을 받을 수 있겠지만 큰 기조는 바뀌지 않을 것이다.

오히려 김정은 제1위원장 주도로 추진되고 있는 내각책임제 확립, 사회주의 경제관리개선 조치 확대, 경제특구 확대 정책 등은 단기간의 조정을 거쳐 더 확고하게 자리를 잡게 될 것으로 전망된다. 다만 대미, 대남정책은 2014년 상반기까지 현재의 강경기조를 유지할 가능성이 커 보인다. ✿

조선노동당 중앙위 정치국 확대회의에 관한 보도 전문

조선로동당 중앙위원회 정치국 확대회의가 12월 8일 혁명의 수도 평양에서 진행되였다.

조선로동당 제1비서이신 경애하는 김정은동지께서 정치국 확대회의를 지도하시였다.

회의에는 당중앙위원회 정치국 위원, 후보위원들이 참가하였다.

당중앙위원회, 도당위원회, 무력기관의 해당 책임일군들이 방청으로 참가하였다.

오늘 우리 당원들과 인민군장병들, 전체 인민들은 민족의 대국상을 당한 후 경애하는 김정은동지께 모든 운명을 전적으로 의탁하고 당중앙의 두리에 굳게 뭉쳐 위대한 김정일동지의 유훈을 관철하기 위한 투쟁을 힘있게 벌려나가고 있다.

그런데 최근 당 안에 배겨있던 우연분자, 이색분자들이 주체혁명위업계승의 중대한 력사적 시기에 당의 유일적 령도를 거세하려들면서 분파책동으로 자기 세력을 확장하고 감히 당에 도전해나서는 위험천만한 반당반혁명적종파사건이 발생하였다.

당중앙위원회 정치국은 이와 관련하여 확대회의를 소집하고 장성택의 반당반혁명적 종파행위와 관련한 문제를 토의하였다.

정치국 확대회의에서는 먼저 장성택이 감행한 반당반혁명적 종파행위와 그 해독성, 반동성이 낱낱이 폭로되였다.

하나의 사상, 하나의 령도중심에 기초한 통일단결을 확고히 보장하여야

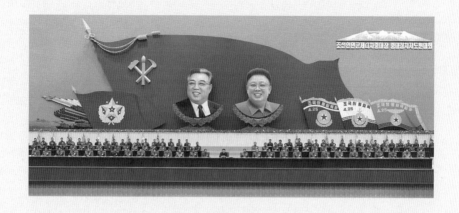

당이 수령의 당으로서의 혁명적성격을 고수하고 력사적 사명을 수행해 나갈
수 있다는 것은 근 70성상에 걸치는 우리 당의 력사가 보여주는 철리이다.

위대한 령도자 김정일동지께서는 다음과 같이 지적하시였다.

《전당, 전군, 전민이 김정은동지의 두리에 단결하고 단결하고 또 단결하여
백두에서 시작된 주체의 행군길을 꿋꿋이 이어나가야 합니다.》

전당, 전군, 전민이 경애하는 김정은동지의 령도따라 력사의 온갖 도전과
혁명의 원쑤들의 발악적인 책동을 단호히 짓부시며 강성국가건설의 최후승
리를 향하여 힘차게 전진하고있는 오늘의 현실은 김정은동지를 유일중심으
로 하는 당과 혁명대오의 일심단결을 반석같이 다지고 전당과 온 사회에 당
의 유일적 령도체계를 더욱 철저히 확립해나갈 것을 절실히 요구하고 있다.

그러나 장성택일당은 당의 통일단결을 좀먹고 당의 유일적 령도체계를 세
우는 사업을 저해하는 반당반혁명적 종파행위를 감행하고 강성국가건설과
인민생활향상을 위한 투쟁에 막대한 해독을 끼치는 반국가적, 반인민적범죄
행위를 저질렀다.

장성택은 앞에서는 당과 수령을 받드는척하고 뒤에 돌아앉아서는 동상이
몽, 양봉음위하는 종파적 행위를 일삼았다.

장성택은 당과 수령의 높은 정치적신임에 의하여 당과 국가의 책임적인 위치에 등용되였지만 인간의 초보적인 도덕의리와 량심마저 줴버리고 위대한 수령님과 위대한 장군님을 천세만세 높이 받들어모시기 위한 사업을 외면하고 각방으로 방해하는 배신행위를 감행하였다.

장성택은 자기에 대한 환상을 조성하고 자기 주위에 신념이 떨떨한자들, 아첨분자들을 끌어당기면서 당 안에 분파를 형성하기 위하여 악랄하게 책동하였다.

장성택은 정치적 야심으로부터 출발하여 지난 시기 엄중한 과오를 범하여 처벌을 받은자들을 당중앙위원회 부서와 산하단위 간부대렬에 박아넣으면서 세력을 넓히고 지반을 꾸리려고 획책하였다.

장성택과 그 추종자들은 우리 당의 조직적의사인 당의 로선과 정책을 진심으로 받아들이지 않고 그 집행을 의식적으로 태공하고 외곡 집행하였으며 당의 방침을 공공연히 뒤집어엎던 나머지 조선인민군 최고사령관 명령에 불복하는 반혁명적인 행위를 서슴없이 감행하였다.

장성택일당은 사법검찰, 인민보안기관에 대한 당적지도를 약화시킴으로써 제도보위, 정책보위, 인민보위사업에 엄중한 해독적 후과를 끼치였다.

이러한 행위는 적대세력들의 반공화국압살공세에 투항하여 계급투쟁을 포기하고 인민민주주의독재기능을 마비시킬 것을 노린 반혁명적, 반인민적 범죄행위이다.

장성택은 당이 제시한 내각중심제, 내각책임제원칙을 위반하면서 나라의 경제사업과 인민생활향상에 막대한 지장을 주었다.

장성택일당은 교묘한 방법으로 나라의 경제발전과 인민생활향상에서 주요한 몫을 담당한 부문과 단위들을 걷어쥐고 내각을 비롯한 경제지도기관들이 자기 역할을 할 수 없게 만들었다.

국가재정관리체계를 혼란에 빠뜨리고 나라의 귀중한 자원을 헐값으로 팔아버리는 매국행위를 함으로써 주체철과 주체비료, 주체비날론공업을 발전시킬 데 대한 위대한 수령님과 어버이장군님의 유훈을 관철할 수 없게 하였다.

장성택은 자본주의생활양식에 물젖어 부정부패행위를 감행하고 부화타락한 생활을 하였다.

장성택은 권력을 람용하여 부정부패행위를 일삼고 여러 녀성들과 부당한 관계를 가지였으며 고급식당의 뒤골방들에서 술놀이와 먹자판을 벌렸다.

사상적으로 병들고 극도로 안일해이된 데로부터 마약을 쓰고 당의 배려로 다른 나라에 병치료를 가있는 기간에는 외화를 탕진하며 도박장까지 찾아다니였다.

장성택과 그 추종자들이 저지른 범죄행위는 상상을 초월하며 우리 당과 혁명에 끼친 해독적 후과는 대단히 크다.

우리 당의 영원한 총비서이신 위대한 령도자 김정일동지의 서거 3년상도 치르지 못한 때에 장성택일당이 감행한 배은망덕한 범죄행위는 우리 당원들과 인민군장병들, 인민들의 치솟는 격분을 자아내고 있다.

정치국 확대회의에서는 토론들이 진행되였다.

토론자들은 한결같이 장성택일당이 감행한 반당반혁명적 종파행위를 강하게 비판하였으며 경애하는 김정은동지의 사상과 령도를 충직하게 받들며 당중앙을 정치사상적으로, 목숨으로 결사옹위해 나갈 굳은 결의를 표명하였다.

회의에서는 장성택을 모든 직무에서 해임하고 일체 칭호를 박탈하며 우리 당에서 출당, 제명시킬 데 대한 당중앙위원회 정치국 결정서가 채택되였다.

당에서는 장성택일당의 반당반혁명적종파행위에 대하여 오래전부터 알고 주시해오면서 여러 차례 경고도 하고 타격도 주었지만 응하지 않고 도수를 넘었기 때문에 더 이상 수수방관할 수 없어 장성택을 제거하고 그 일당을 숙청함으로써 당 안에 새로 싹트는 위험천만한 분파적 행동에 결정적인 타격을 안기였다.

우리 당은 앞으로도 혁명의 원칙을 저버리고 당의 령도에 도전하며 당과 국가의 리익, 인민의 리익을 침해하는 자는 그가 누구이든 직위와 공로에 관계없이 추호도 용서치 않을 것이다.

한줌도 못되는 반당반혁명종파분자들이 아무리 쏠라닥거려도 경애하는 김정은동지를 단결의 유일중심, 령도의 유일중심으로 받들어나가는 전체 당원들과 인민군장병들, 인민들의 혁명적 신념은 절대로 흔들어놓을 수 없다.

현대판종파이며 우리 당대렬에 우연히 끼여든 불순분자들인 장성택일당이 적발숙청됨으로써 우리 당과 혁명대오는 더욱더 순결해지고 우리의 일심단결은 더욱 백배해지게 되였으며 주체혁명위업은 승리의 한길을 따라 더욱 활력에 넘쳐 전진해나갈 수 있게 되였다.

위대한 김일성-김정일주의기치를 높이 들고 경애하는 김정은동지의 두리에 한마음한뜻으로 굳게 뭉쳐 최후의 승리를 향하여 힘차게 전진해 나아가는 우리 당과 군대와 인민의 앞길을 가로막을 자는 이 세상에 없다.

주체102(2013)년 12월 8일

3.

'장성택 판결문'을 어떻게 읽을 것인가?

'반당반혁명행위'에 '국가전복행위'까지 추가
장성택이 왜 계속된 '경고'를 무시했는지 의문

2013년 12월 8일 정치국 확대회의에서 장성택이 비판받고 체포된 뒤
사건이 마무리될 것으로 예상됐다. 그러나 북은 4일 뒤 장성택을
국가안전보위부 특별군사재판에 회부해 국가전복음모행위로 사형을 선고한 후
즉시 사형을 집행했다. 북은 다음날 이같은 사실과 함께 판결문을 공개했다.
너무나 뜻밖인 상황이었다.

몇 가지 해명되지 않던 문제들

하나의 매듭이 풀리면 복잡하게 엉킨 실타래가 술술 풀리는 경우가 있다. 8일 발표된 장성택에 대한 '정치국 결정서'와 13일 공개된 '판결문' 내용이 그런 것 같다. 돌이켜보면 2012년부터 해명이 잘 안 되는 일들이 실타래처럼 엉켜 있었다. 그 중 몇 가지를 열거해 보면 다음과 같다.

① 2012년 9월 최고인민회의 12기 6차회의를 앞두고 장성택이 최고인민회의 상임위원장이나 내각 총리에 기용될 것이라는 설이 중국의 대북소식통을 통해 흘러나왔다. 근거 없는 이야기로 치부했다. 당직을 버리고 '좌천'을 선택할 가능성이 없다는 판단이었다. 하지만 왜 이런 이야기가 유력한 소식통을 통해 흘러나왔는지가 의문이었다.

② 2012년 11월 4일 북한은 조선노동당 중앙위원회 정치국 확대회의를 개최하고 국가체육지도위원회를 신설하는 결정을 하고 위원장에 장성택을 임명했다. 그런데 국가기구를 신설하는 데 굳이 정치국 확대회의를 연 것이 이상했다.

③ 2013년 9월 북한은 국내 축구 경기에서 부정행위를 적발한 사실을 이례적으로 보도했다. 8월 28일 김일성경기장에서 열린 '횃불컵' 1급 남자축구 인민군 '4.25팀'과 결승에서 부정선수를 출전시켰다며 선봉팀의 우승 기록을 박탈하고 4.25팀을 우승팀으로 조정한 것이다. 이 결승경기는 김정은 국방위원회 제1위원장이 지켜보는 가운데 벌어졌다. 그런데 경기 결과가 뒤바뀌고, 굳이 알리지 않아도 될 내용을 공개했다. 이상하게도 북한의 체제 속성상 심각한 문제가 될 사안이었는데 별다른 후속조치 없이 그냥 넘어갔다.

이외에도 시간을 거슬러 올라가면 2010년 조선대풍국제그룹 조직 등 여러 가지 사안이 미스터리지만, 장성택사건이 불거지면서 엉킨 실타래가 일부 풀리기 시작했다. 장성택에 대한 판결문에 언급된 내용을 중심으로 그의 부침과 사형까지 이르게 된 배경을 추론해 보기로 한다.

장성택 체포의 '결정적 계기'는 무엇이었나?

2013년 11월 18일 장성택 국가체육지도위원장이 전격적으로 가택 연금되고, 장성택의 측근인 노동당 행정부의 리룡하 제1부부장과 장수길 부부장이 체포됐다. 11월 6일 일본의 안토니오 이노키 참의원을 만난 것이 장성택의 마지막 공개활동이었다.

이때쯤 장성택 관련 '모종의 보고'를 받은 김정은 제1위원장은 정치국 상무위원과 일부 조직지도부 및 안보일꾼들이 참여한 회의에서 장성택에 대한 처리를 지시한 것으로 전해진다. 리룡하 제1부부장과 장수길 부부장은 '월권'과 '분파행위', '당의 유일적 영도체계 거부' 등의 혐의로 체포돼 조사를 받았고, '장성택 등의 뒤에 숨어서 당 위의 당으로, 내각 위의 내각으로 군림하려 했다'고 비판받았다. 며칠 후 이 같은 내용이 정보당국에 입수됐고, 곧이어 일부 북 전문가들에게도 알려졌다.

리룡하 제1부부장은 황해북도 당 비서를 활동하다 장성택이 2009년경 행정부 부부장으로 발탁한 간부로, 2011년 노력영웅 칭호를 받고 제1부부장으로 승진한 후 김정일 국방위원장의 현지지도에 동행하기 시작했다. 장수길은 행정부 54부를 총괄하며 각종 이권에 개입한 것으로 전해진다. 행정부 54부는 인민군 기관에 석탄·석유·전력·피복 등을 공급하는 기관으로 원래 인민군 총정치국 산하였지만 장성택이 국방위 부위원장이 되면서 측근인 장수길이 관장해왔다. 조사를 마친 두 사람은 11월 27일경 당 간부들 앞에서 처형 됐고, 이 같은 사실이 30일 박근혜 대통령에게 보고됐다.

백두산 현지지도 때 최종결정

김정은 제1위원장은 11월 29~30일 백두산 삼지연지구를 현지지도했다. 당시 현지지도에는 김원홍 국가안전보위부장, 김양건 당 비서, 한광상 당 재정경리부장, 박태성.황병서 조직지도부 부부장, 김병호 선전선동부 부부장, 홍영칠 기계공업부 부부장, 마원춘 재정경리부 부부장 등이 동행했다. 당시 김정은 제1위원장은 "백두에서 개척된 주체혁명 위업을 끝까지 완성하려는

| 1김정은 국방위원회 제1위원장은 장성택 숙청을 앞두고 2013년 11월 30일 백두산지구 시찰에 나섰다. 여기에는 노동당의 3세대 간부로 평가되는 박태성 · 황병서 조직지도부 부부장 · 김병호 선전선동부 부부장 · 홍영칠 기계공업부 부부장 · 마원춘 재정경리부 부부장 등 5명의 당 부부장이 수행해 눈길을 끌었다. 왼쪽부터 한광상 재정경리부장, 황병서 부부장, 김병호 부부장, 김양건 당 비서, 마원춘 부부장, 김원홍 국가안전보위방, 홍영칠 부부장.

결심과 의지가 더욱 굳세어진다"고 말했다. 《로동신문》은 삼지연 방문에 대해 "조선혁명의 행군길을 이어가려는 철의 신념의 분출이었으며 혁명의 배신자들에게 내리는 무서운 철추였다"고 보도했다. 이때 장성택에 대한 처리와 향후 대책문제가 최종 결정된 것으로 추정된다.

12월 8일 노동당은 정치국 확대회의를 열고 장성택이 '반당반혁명적 종파행위'로 유일영도체계 저해, 당의 노선과 정책 왜곡, 부정부패행위, 도덕적 해이 등의 죄목으로 비판하고 그 자리에서 체포했다. 4일 후인 12일 장성택은 국가안전보위부 특별군사재판에서 국가전복음모행위로 사형을 선고받고 즉시 집행됐다. 가택연금에서 사형까지 한 달도 채 안 돼 사건이 마무리된 셈이다. 장성택에 대한 비판과 최종판결까지 공개적으로, 속전속결로 진행한 것은 북이 이 사건의 정치적 파장을 최소화하려고 하려는 의도가 있었던 것 같다.

두 측근이 체포된 '도화선'

그렇다면 11월 18일 장성택이 연금되고, 두 사람의 측근이 체포된 '도화선'은 무엇이었을까? 정치국 결정서나 판결문에는 이것이 명확하게 나와 있지 않다. 일단은 11월 6일 전후에 열린 장성택과 측근들의 모임이 직접적 '도화선'이 됐다는 설이 유력하다. 장성택과 30여 명의 측근이 함께 한 이 모임에서 '장성택 동지의 만수무강 축원', '장성택 동지 만세' 등의 구호가 나왔다는 것이다. 이 모임에 대해 보고 받은 김정은 제1위원장이 조직지도부와 국가안전보위부에 '합동검열'을 지시했을 가능성이 크다. 일각에서는 장성택이 부장으로 있는 당 행정부 산하기관인 국가안전보위부가 아니라 군 총치국이나 군 보위사령부를 움직였을 것이라는 분석도 내놓았다.

1997년 청년동맹사건까지 소급

당 정치국 결정서는 "당에서는 장성택일당의 반당반혁명적 종파행위에 대하여 오래 전부터 알고 주시해오면서 여러 차례 경고도 하고 타격도 주었지만 응하지 않고 도수를 넘었기 때문에 더 이상 수수방관할 수 없어 장성택을 제거하고 그 일당을 숙청함으로써 당 안에 새로 싹트는 위험천만한 분파적 행동에 결정적인 타격을 안기였다"라고 지적돼 있다. 여기서 지적한 "여러 차례 경고도 하고 타격도 주었다"는 것이 어느 시점부터인지는 명확하지 않다.

판결문에는 "장성택은 청년사업부문에 배겨있으면서 적들에게 매수되여 변절한자들, 배신자들과 한동아리가 되여 우리나라 청년운동에 엄중한 해독을 끼치였을 뿐 아니라 그자들이 당의 단호한 조치에 의하여 적발숙청된 이후에도 그 끄나불들을 계속 끌고다니면서 당과 국가의 중요직책에 박아넣었다"라고 지적해 1997년까지 소급했다.

판결문에 적시된 "적들에게 매수되여 변절한자들, 배신자들"들은 1997년 9월 '반당반혁명과 간첩죄'로 처형된 최현덕 청년동맹 비서, 함운건 사회안전부 부국장, 리병서 은별무역회사 총사장 등을 지칭한다. 1997년 2월 황장엽 비서가 망명하자 북은 그와 관련된 인사들에 대한 대대적인 검열을 진행했고, 그 결과 황 비서와 심금을 터놓고 대화했던 서관히 농업담당 비서를 비롯해 청년동맹 관계자들이 처형됐다.

일본 《요미우리신문》 1998년 3월 18일자 보도에 따르면 서관히 농업담당 비서가 처형될 때 사회안전부 함운건 정치국 부국장과 리병서 은별무역회사 총사장도 함께 처형됐으며, 이들의 가택 수색에서 한국 정보기관과 접촉한 증거품들이 압수됐다고 한다. 이는 황장엽 노동당 비서의 망명 직후 김정일의 지시에 따라 망명 경위와 접촉자들을 조사하는 과정에서 밝혀진 것이라고 한다. 이 신문은 또한 함운건과 리병서는 김덕홍(황장엽과 함께 망명) 씨를 통해 베이징에서 한국 정보기관과 접촉한 사실도 밝혀졌으며, 김정일 위원장 여동생의 남편인 장성택과 청년동맹 제1비서 최용해도 처형대상이었으나 측근이어서 간신히 화를 면했다고 보도했다.

청년동맹사건의 미스터리

같은 날 《연합뉴스》도 평양을 방문하고 돌아온 해외교포의 말을 인용해 청년동맹 간부들이 처형된 것은 안기부의 대북공작에 연루된 사실이 북 당국의 집중적인 사상검열에서 발각됐기 때문이라고 보도했다. 《연합뉴스》는 "이

| 1997년 김정일 국방위원장이 김일성사회주의청년동맹기를 최룡해 제1비서에게 전달하고 있다. 북은 1997년 사회주의 로동청년동맹 (사로청)을 김일성사회주의청년동맹으로 명칭을 바꿨다. 이해에 이른바 '청년동맹사건'이 발생했다. 청년동맹에는 주로 14세 이상의 군인, 대학생, 근로청년, 중학생 등 500만 명 정도가 가입되어 있다.

소식통은 '북 체제 전복을 위한 대북공작'은 '구체적으로 김정일 위원장 암살기도'라고 말하고 당시 처형된 최현덕 비서 등 청년동맹 간부 4~5명이 평양 청년극장 식당에서 김정일 암살을 모의했던 것으로 북한 당국은 파악하고 있다고 전했다. 소식통에 따르면 이들은 김정일 위원장을 암살하면 자동적으로 북의 제2인자인 장성택이 김정일의 자리를 이어받게 될 것이라는 '쿠데타 음모'를 꾸몄다는 것"이라고 덧붙였다. 장성택은 1988년 12월 노동당 청년사업부장, 1992년 12월 노동당 청년 및 3대혁명 소조부장을 맡는 등 청년조직에 깊이 관여해 왔다.

《연합뉴스》는 또한 "청년동맹에서 운영하는 은별무역회사를 통해 '남한측 정보당국의 조종을 받는 무역회사' 관계자와 북경에서 수시로 접촉하면서 '남측의 돈을 받아먹다 매수'됐으며 이 같은 제공 자금 가운데 일부는 청년동맹에서 장성택으로, 다시 장성택에서 최고위급에까지 흘러들어가는 등 '충격적인 사실'이 드러났다"고 보도했다. 이 보도에 언급된 '남한 측 정보당국의 조종을 받는 무역회사' 관계자는 리병서 은별무역회사 총사장의 형으로 당시 필자도 인터뷰를 시도했다가 실패한 경험이 있다.

얼마 후 자신들의 대표가 장성택이라고 주장하며 북측 관계자가 남쪽의 정보당국에 전달한 상당 분량의 문건을 입수됐다. 이 문건에는 조선노동당의 비공개 회의에서 이뤄진 주요 논의사항이 날자별로 구체적으로 기록돼 있었고, 구체적으로 금액까지 적시하며 '거사자금'을 요청하고 있었다. 그러나 당시 이 문건을 본 북 전문가들은 북한 정보당국이 허위로 만들어 흘린 '역정보'라고 판단했다. '장 부장'이라 불리며 '실세'로 활동하던 장성택이 그 같은 어마어마한 '반혁명음모'에 직접 개입했을 리 없다고 판단했기 때문이다.

실제로 청년동맹사건 이후에도 장성택은 '승승장구'했다. 그런데 16년이 흐른 시점에서 북한은 '장성택 판결문'에서 장성택이 당시 처형된 '청년동맹 관련자들과 한동아리'가 되어 청년운동에 해독을 끼쳤다고 언급했다. 무엇이 사실인지 혼란스럽다. 다만 청년동맹사건이 장성택과 당시 청년동맹 제1비서였던 최룡해를 곤란하게 만들었던 것은 확실하다. 최룡해는 1998년 1월 '신병'을 이유로 해임됐다.

2004년부터 2년 간 '혁명화' 과정 거쳐

노동당의 핵심부서인 조직지도부 제1부부장으로 외부에서 '사실상의 2인자'라는 평가를 듣던 장성택이 정치국 결정서에서 언급한 '타격'을 받은 것은 2004년 초였다. '권력욕에 의한 분파행위'라는 이유였다. 2004년 2월 장성택이 관장하던 부서의 당 부부장의 아들 결혼식이 발단이었다. 결혼식에 참석했던 한 간부의 운전기사가 음주운전 사고를 내 사고경위를 조사하던 중 이 결혼식이 호화롭게 진행된 사실과 최룡수 인민보안상 등 고위 간부들이 장성택에게 줄을 섰던 게 드러났다고 한다. 사실 고위간부의 음주운전은 평소 같았으면 그냥 넘어갈 일이었지만, 시기가 좋지 않았다. 김정일 국방위원장이 '절대 음주운전 하지 말라'는 지시가 내려진 상황이었기 때문이다. 2003년 6월 16일 김용순 대남담당비서가 운전기사의 음주운전으로 교통사고가 나 10월 26일 사망하자 김정일 위원장이 이 같은 지시를 내린 것이다.

김정일 위원장, 직접 '폭탄주' 언급

이 사건을 계기로 리제강 당시 조직지도부 제1부부장의 주도로 장성택과 그의 측근들에 대한 검열이 이뤄졌고, 결혼식에 참석했던 여러 간부들이 해임, 철직됐다. 장성택은 개인 사생활과 함께 2002년 10월 북한 경제시찰단 18명 중 일원으로 남한에 왔을 때의 행동과 발언으로 집중 비판당한 것으로 전해진다. '폭탄주' 과음, 그로 인한 일정 차질, 북 경제에 대한 비관적 발언들 등이 도마 위에 올랐다. 서울에 왔을 때 룸살롱에 갔다는 설도 있지만 가능성은 크지 않다.

2005년 정동영 당시 통일부장관이 평양을 방문해 김정일 국방위원장을 만났을 때 장성택의 안부를 묻자 김정일 위원장은 '남쪽에 가서 폭탄주도 배우고 해서 아파서 쉬게 했다'며 장성택의 서울 행적이 북한 내부에서 문제가 됐음을 시사했다. 특히 '분파행위'로 비판받은 것은 2003년경 박봉주 당시 내각 총리가 평양시 광복거리 건설공사에 자재를 우선 공급하라고 지시했을 때 담당자들이 '장성택 부부장의 승인이 있어야 한다'고 보고한 게 직접적인 계기가 됐다고 한다. 장성택은 직위에서 해임된 뒤 김일성고급당학교에서 자기비판을 하며 '혁명화' 과정을 거친 것으로 전해진다.

2년 간 '혁명화' 이후 다시 승승장구

2006년 1월 말 김정일 국방위원장이 당중앙위원회에서 개최한 음력 설 연회에 장성택은 다시 모습을 드러냈다. 장성택은 노동당 수도건설부 제1부부장으로 복권됐고, 평양시 재건설사업에서 성과를 내며 이듬해 당 행정부장으로 승진했다. 2008년 8월 김정일 위원장이 뇌출혈로 쓰러진 이후에는 부인인 김경희와 함께 정치적 위상이 더욱 높아졌고, 2009년 4월에는 최고인민회의에서 국방위원으로 선출됐다.

2009년 11월 북한은 전격적으로 '화폐교환'(화폐개혁)을 단행했다. 박남기 당 재정계획부장의 작품이라는 게 일반적인 평가였다. 2003년 박봉주가 총리가 임명되면서 당과 군부의 견제로 힘이 빠지기 시작한 2005년 국가계획위원장에서 물러났던 박남기는 당 계획재정부장으로 복귀했고, '시장 축소'와 계획경제 강화를 위해 화폐교환을 실시한 것으로 평가됐다. 반면 사회주의경제관리개선조치를 주도했던 박봉주 총리는 2007년 4월 해임돼 순천비날론연합기업소 지배인으로 좌천됐다.

그러나 기존 화폐와 새 화폐를 100대1 비율로 바꾸는 화폐교환이 실시된 후 평양의 경우 대다수 상점이 문을 닫았고, 상품 가격이 새로 고지되지 않아 유통시장이 혼란에 빠졌다. 혼란을 수습하기 위해 나선 것은 김경희 당시 당 경공업부장이었다.

"2009년 12월 중순 김경희 부장은 평양에서 고급 승용차를 타고 북쪽으로 향했다. 러시아풍의 털모자를 깊이 눌러쓴 김 부장은 평안도를 거쳐 자강도.함경도 등 지방을 순례하면서 화폐교환 이후 나타난 부작용과 민심을 살폈다. 평양을 떠나기에 앞서 그는 김정일 국방위원장과 단독으로 만나 장시간 대화를 나눴다. 지방 암행을 마치고 돌아온 김경희 부장은 화폐교환 후 발생한 경제 혼란을 수습할 후속 조처들을 김정일 위원장에게 보고했다. 화폐교환을 주도한 박남기 재정계획부장과 국가계획위원회 일부 간부의 허위 보고와 부적절한 처신도 거론됐다. 김경희 부장이 전면에 나서면서 상점들이 다시 문을 열었고, 금지됐던 시장에서의 물품 거래가 일부 허용됐다."

장성택, 박남기와 관련이 있었나?

2010년 3월 중국을 방문했을 때 장성택 행정부장 라인과 가까운 한 중국 무역업자가 전해준 이야기다. 김경희 부장의 보고에 이어 리제강 제1부부장의 주도로 조직지도부의 검열이 진행됐다. 리제강이 썼다고 알려진 《혁명대오의 순결성을 강화해나가시는 나날에》에서는 박남기에 대해 "사회주의경제 건설을 저지하고 자본주의 경제방식을 끌어들이려다 덜미를 잡혔다"며 2009년 11월 화폐개혁 역시 김정일 위원장이 구체적인 방향과 방법을 제시했는데도 박남기가 이를 무시해 혼란이 빚어졌다고 주장했다. 박남기 부장은 2010년 1월 '노동당 본부당 대논쟁'에서 "남조선식 경제 수용이 자본주의 제도로 복귀할 수 있는 가장 빠른 길이라 여겨 시장경제를 도입하려 했다"고 자백했다고 한다. 국가안전보위부 특별군사재판소는 2010년 3월 '만고역적 박남기를 처형한다'고 선고했고, 선고 직후 박남기는 리태일 계획재정부 부부장과 함께 강건군관학교에서 총살된 것으로 전해진다.

그런데 판결문에서는 "2009년 만고역적 박남기놈을 부추겨 수천억원의 우리 돈을 람발하면서 엄청난 경제적 혼란이 일어나게 하고 민심을 어지럽히도록 배후조종한 장본인도 바로 장성택이다"이라며 화폐개혁으로 인한 혼란의 배후로 장성택을 지목했다. 현재로서는 사실여부를 확인하기는 어렵다.

우연인지는 모르겠지만 2004년 장성택 검열과 2009년 박남기 검열을 주도했던 리제강 조직지도부 제1부부장은 2010년 6월 2일 교통사고로 사망했다. 당시 국내언론들은 김정일 위원장과 함께 군부대 예술선전대 공연 관람을 갔던 리제강이 심야에 교통사고를 당했다는 점에서 여러 가지 의혹을 제기했다. 리제강의 죽음에 장성택이 개입돼 있다는 소문이 북 내부에 파다하다는 설까지 보도됐다. 역시 확인되지 않은 내용이다.

국방위원 선출돼 해외자본 유치에 개입

리제강 제1부부장 사망 후 5일 뒤인 6월 7일 최고인민회의 제12기 3차 회의에서 장성택은 국방위원회 위원으로 승진한 지 1년여 만에 다시 국방위원회 부위원장으로 승진했다. 다만 박남기의 실각 이후 경제정책의 주도권은 김경희 부장에게 넘어갔다.

최고인민회의 제12기 3차 회의에서 신임 총리에 김일성 주석의 서기실장 (비서실장) 출신인 최영림이 기용됐고, 2개월 뒤인 2010년 8월 박봉주는 당 경공업부 제1부부장으로 복귀했다. 당시 국내언론들은 박봉주가 장성택 측근이라고 보도했지만, 그의 복귀는 김경희 부장의 추천으로 이뤄졌다. 실제로 2007년 박봉주 총리의 실각에는 박남기 외에 장성택의 입김이 작용했다는 설이 유력하다.

2009년 국방위원에 선출된 뒤 장성택은 본격적으로 해외자본유치에 개입하기 시작한 것으로 보인다. 이때부터 조선대풍국제그룹이 부상하기 시작했다. 2009년 9월 초 김정일 위원장은 무역성과 대외사업기관 주요 간부들이 모인 자리에서 "미국을 비롯한 서구 자본 유치에 힘을 쏟아야 합니다"라며 대외무역 확대와 해외자본 유치를 촉구했고, 그 후 대외무역기관에 대한 정리작업도 진행했다.

국방위원회가 먼저 나섰다. 국방위원회는 2006년 홍콩에 본사를 두고 설립된 다국적 투자회사 대풍그룹을 확대해 해외투자유치에 뛰어들었다. 2010년 1월 20일 평양 양각도국제호텔에서 열린 조선대풍국제투자그룹 이사회 1차 회의에서는 대풍그룹의 이사장으로 김양건 조선아시아태평양평화위원회 위원장(국방위원회 참사 겸 노동당 통일전선부장), 상임부이사장 겸 총재로 재중동포 박철수가 선출됐다. 이사회는 국방위원회, 내각, 재정성, 유관 부서, 조선아시아태평양평화위원회, 조선대풍국제투자그룹 대표 등 7명으로 구성됐다. 이사장은 김양건 부장이었지만 뒤에는 장성택이 있었다. 대풍그룹은 1년에 100억달러, 10년에 1,000억달러의 해외자본을 유치해 사회기반시설 건설에 투자하겠다는 원대한 계획을 발표했다.

| 2009년 1월 20일 평양 양각도호텔에서 열린 조선대풍국제투자그룹 이사회 회의 광경. 맨 왼쪽에 김양건 이사장이 있고, 시계방향으로 오른쪽이 박철수 총재다.

대풍그룹과 조선합영투자위원회의 갈등

그러나 대풍그룹에 대해 내각 경제관료들은 비판적이었다. 계획의 현실성에 의문이 제기됐고, 내각의 대외사업과도 중복이 됐기 때문이었다. 대풍그룹에 대한 비판적 보고서가 연이어 제출됐다. 당시 대풍그룹에 대한 '조사보고서'를 제출했던 북측의 한 관계자는 "조사해 보니 박철수의 대풍그룹은 홍콩에 본사를 둔 페이퍼컴퍼니로 자본금도 거의 없었고, 투자유치 능력도 의문시됐다"라고 말했다.

2010년 7월 북한 내각은 전원회의를 열고 외자유치 전담기구로 조선합영투자위원회를 결성했다. 외자 유치와 합영, 합작 등 외국과 관련된 모든 사업을 통일적으로 지도하는 것을 사명으로 하는 북한의 국가적 중앙지도기관이었다. 위원장에는 몇 달 전 스위스에서 귀국한 리수영 전 제네바 북한대표부 대사가 맡았다. 그해 12월 조선합영투자위 대표단은 베이징에서 중국 상무부와 라선특구와 압록강의 섬인 황금평 개발 등을 위한 양해각서(MOU)를 체결하는 등 눈에 띄는 성과를 냈다.

대풍그룹, 실적 없이 해체

그러나 2011년 1월 국가경제개발 10개년 전략계획이 내각 결정으로 발표
됐지만 국가경제개발 전략계획에 속하는 주요 대상들을 전적으로 맡아 실행
할 기관으로는 조선합영투자위가 아닌 조선대풍국제투자그룹이 선정됐다.
정상적인 조치가 아니었다.

결과적으로 몇 달이 채 지나지 않아 잘못된 결정이었다는 것이 드러났다.
2011년 하반기부터 북한 언론매체에서 대풍그룹에 대한 언급이 없어졌고,
다음해 초 대풍그룹은 조선합영투자위에 흡수됐다.

장성택 판결문에는 "(장성택이) 위대한 장군님께서 최고인민회의 제10기
제1차회의에서 세워주신 새로운 국가기구체계를 무시하고 내각소속 검열감
독기관들을 제놈밑에 소속시키였으며 위원회, 성, 중앙기관과 도, 시, 군급기
관을 내오거나 없애는 문제, 무역 및 외화벌이단위와 재외기구를 조직하는
문제, 생활비 적용문제를 비롯하여 내각에서 맡아하던 일체 기구사업과 관련
한 모든 문제를 손안에 걷어쥐고 제 마음대로 좌지우지함으로써 내각이 경제
사령부로서의 기능과 역할을 제대로 할 수 없게 하였다"라고 적시돼 있다.
2010년에 있었던 내각 산하 조선합영투자위와 국방위원회 산하 대풍그룹의
양립과 갈등문제에 대해 장성택에게 책임을 돌린 것으로 보인다.

김정일 위원장 회담 때 단독 배석

어째든 2011년에 들어 장성택의 공개행보에는 거침이 없었다. 2011년 1월

23일 김정일 국방위원장이 방북한 이집트의 나기브 사위리스 오라스콤 회장을 만난 후 찍은 사진에서 그의 위상이 잘 드러났다. 북이 공개한 사진을 보면 장성택은 김정일 국방위원장과 사위리스 회장이 만찬 후 손을 잡고 사진을 찍는 자리에 단독으로 배석했다.

또한 장성택은 그해 5월 김정일 위원장의 중국 비공식 방문 때 수행했고, 이때 합의된 라선경제무역 지대와 황금평.위화도 경제지대 공동개발 및 공동관리를 위한 조중 공동지도위원회 북측위원장이 됐다. 그리고 6월 8일 '황금평.위화도 경제지대 조중 공동개발 공동관리 대상 착공식'을 시작으로 7개 북중경협사업 착공식을 성대하게 개최했다. 그러나 2011년에 진행된 사위리스 오라스콤 회장의 방북, 북중경협사업 등은 대부분 리수영이 주도한 조선합영투자위의 작품이었다.

Ⅰ 장성택은 오라스콤 나기브 사위리스 회장이 2011년 1월 방북해 김정일 국방위원장과 면담과 만찬을 할 때 배석했으며 술에 취해 사위리스 회장의 팔짱을 낀 모습이 공개되기도 했다.

3차 당대표자회에서 의외로 소외당한 장성택

한편 장성택은 2010년 9월 28일 열린 당대표자회에서 의외로 '소외' 됐다. 리영호 신임 인민군 총참모장이 정치국 상무위원, 당중앙군사위원회 부위원장으로 부상했지만, 장성택은 정치국 위원도 아닌 후보위원으로, 당중앙군사위원회 위원으로 선출됐을 뿐이다. 당시 부인인 김경희는 정치국 위원으로 선출됐다. 또한 전날 김경희, 최룡해, 김경옥 제1부부장 등에게 대장 칭호가 부여됐지만 장성택은 빠졌다.

장성택이 정치국 위원에 들어가지 못하고, 당시 황해북도 당책임비서였던 최룡해도 받은 '대장' 군사칭호를 받지 못하자, 외부의 관측과 달리 그가 '2인자', '섭정 관리자'가 될 수 없다는 것을 보여줬다는 평가가 나왔다. 당시 북측의 관계자는 "장성택이 사실상 2인자 역할을 수행하고 있는 것 아니냐"는 질문에 "역사상 부마(사위)가 2인자의 자리에 오른 적이 있느냐"라고 반문하며 "그의 역할을 과대 평가할 필요가 없다"라고 말한 바 있다. 특히 그는 장성택 이야기가 나올 때마다 부정적 평가로 일관했다.

그런데 장성택 판결문에는 뜻밖의 내용이 적시돼 있다.

"장성택은 전당,전군,전민의 일치한 념원과 의사에 따라 경애하는 김정은 동지를 위대한 장군님의 유일한 후계자로 높이 추대할데 대한 중대한 문제가 토의되는 시기에 원새끼를 꼬면서 령도의 계승문제를 음으로 양으로 방해하는 천추에 용납 못할 대역죄를 지었다."

2008년 8월 김정일 위원장이 잠시 쓰러진 후 김경희, 장성택 부부가 김정은 제1위원장을 후계자로 옹립하는데 적극 나섰다는 외부의 평가와는 전혀 다른 내용이다. 장성택이 2010년 9월 28일 당대표자회에서 김정은 후계자를 공개하는 것에 '유보적 의견'을 냈던 것일까?

장성택은 후계자 공식화에 반대했나?

북은 애초에 2010년 6월 당대표자회를 9월 상순에 소집한다고 발표했다. 그런데 아무런 이유를 밝히지 않고 9월 말로 연기됐다. 이를 두고 북이 비공식적으로 언급한 수해 때문이라는 설부터 김정일 국방위원장의 건강이상설, 당 대표자회를 앞둔 권력갈등, 김정은 후계자의 공식 등장 여부에 대한 입장 조정 등이 연기사유로 거론됐다.

당시 북측관계자는 "처음 당 대표자회 소집이 발표됐을 때까지만 해도 북한은 후계자를 공개하지 않을 계획이었다"라고 밝혀 김정은 후계자의 공식 등장 여부를 두고 조정이 이뤄졌음을 시사했다. 8월 26일부터 30일까지 4박 5일간 김정일 위원장이 김정은 후계자를 동행해 만주지역을 방문하고 돌아온 후 '비공개'에서 '공개'로 바뀐 것이다. 북이 이 시기에 장성택이 "령도의 계승문제를 음으로 양으로 방해"했다고 밝힌 것은 당시 장성택이 '후계자 공개가 너무 빠르다'란 의견을 냈을 가능성을 시사한다. 9월 당대표자회에서 장성택이 상대적으로 '소외'됐던 것은 그런 이유 때문이었을 지도 모르겠다.

장성택은 내각 총리에 욕심이 있었나?

그러나 2011년 12월 17일 김정일 위원장이 급서하면서 장성택은 전면에 부상했다. 그는 12월 24일 금수산태양궁전 참배 때 대장 계급장이 달린 군복 차림으로 모습을 드러냈다. 2012년 4월 김정은 제1위원장이 노동당 제1비서로 추대된 제4차 당대표자회에서 장성택은 마침내 정치국 위원에 올랐다. 그리고 2012년 한 해 동안 장성택은 106차례나 김정은 제1위원장의 현지지도에 수행하면서 최측근임을 과시했다.

이 해에 김정은 제1위원장이 의욕적으로 추진한 평양시 건설 및 편의봉사 시설 건설사업에 장성택이 관장하던 자금이 투입됐기 때문인 것으로 보인다. 9월 2일 김정은 제1위원장이 대동강타일공장을 현지지도했을 때는 측근인 리룡하 행정부 제1부부장과 장수길 부부장이 모두 수행할 정도였다. 다만 인민군 차수로 승진해 정치국 상무위원, 당중앙군사위원회 부위원장, 인민군 총정치국으로 승진한 최룡해보다는 서열에서 밀렸다.

그런데 한 가지 의아한 점은 2012년 3월부터 장성택이 연로한 김영남 최고인민회의 상임위원장을 대신해 4월에 열리는 최고인민회의 제12기 제5차 회의에서 최고인민회의 상임위원장에 취임할 것이라는 소식이 중국의 대북 소식통을 통해 흘러나왔다는 것이다. 그것도 중국에 나와 있는 북측관계자들 사이에서 이런 이야기가 나왔다고 한다. 그리고 연이어 장성택이 내각 총리에 임명될 것이라는 또 다른 소문이 돌았다. 당시에는 장성택이 당과 국방위원회 직책을 내놓고 최고인민회의 상임위원장이나 내각 총리에 갈 가능성이 없다고 봤기 때문에 고려할 가치가 없다고 봤다.

그런데 뜻밖에도 판결문에 이와 관련된 부분이 들어가 있다.

"장성택은 당과 국가의 최고권력을 가로채기 위한 첫 단계로 내각총리자리에 올라앉을 개꿈을 꾸면서 제놈이 있던 부서가 나라의 중요경제부문들을 다 걷어쥐여 내각을 무력화시킴으로써 나라의 경제와 인민생활을 수습할수 없는 파국에로 몰아가려고 획책하였다."

장성택 또는 그의 측근들 사이에서 '장성택 총리설'이 있었던 것은 사실인 듯하다.

판결문에는 "장성택이 부서와 산하단위의 기구를 대대적으로 늘이면서 나라의 전반사업을 걷어쥐고 성,중앙기관들에 깊숙이 손을 뻗치려고 책동하였으며 제놈이 있던 부서를 그 누구도 다치지 못하는 《소왕국》으로 만들어놓았다"라고 지적하고 있는데, 당 행정부를 측근인 리용하 제1부부장에게 맡기고 자신은 경제사업을 관장하는 내각 총리로 옮기려고 했던 것일까? 참 알 수 없는 대목이다.

국가체육지도위원장 자리까지 차지

2012년 11월 장성택은 내각 총리가 아닌 국가체육지도위원회 위원장에 임명됐다. 부위원장에는 로두철 내각 부총리, 최부일 총참모부 부총참모장, 리영수 노동당 근로단체 부장 등이 임명됐고, 위원으로 당 비서들과 내각의 주요 상(장관)이 망라돼 내각과 군에 영향력을 행사할 수 있는 자리였다. 이로써 그는 국방위원회 부위원장, 정치국 위원, 당중앙군사위 위원, 인민군 대장, 당 행정부장, 최고인민회의 대의원, 국가체육지도위원장 등 무려 8개의 직책을 갖게 됐다. 외부에서는 장성택이 '북의 2인자'라는 사실을 누구도 의심하지 않았다. 사실상 장성택이 김정은 제1위원장 뒤에서 '섭정'한다는 이야기까지 나왔다.

판결문에서도 "장성택은 특히 경애하는 김정은 동지로부터 이전시기보다 더 높은 직무와 더 큰 믿음을 받았다"라고 나와있다.

장성택, 핵실험에 반대했나?

거기까지였다. 2013년 들어 그의 위상은 갑자기 낮아졌다. 현지지도 수행 빈도 수가 급감했다.

어느 시점에, 무엇을 가지고 틀어졌는지는 알 수가 없다. 2013년 3~4월 개성공단 폐쇄 문제가 현안으로 등장했을 때 장성택이 부인인 김경희 당 비서에게 "지도자 동지(김정은)가 당신(김경희) 말은 들을 테니 그러면 (공단을 폐쇄하면) 안 된다고 건의 좀 하라"는 주문을 했다고 정보 당국은 파악하고 있다. 정책결정과정에서 장성택이 배제되기 시작한 것이다.

일부 전문가들은 장성택이 국가체육지도위원장으로 간 것이 한직으로 밀려난 것이라는 평가를 내놓고 있다. 실제 우연의 일치인지는 모르겠지만 2013년 들어 장성택은 주로 체육행사나 예술공연에 모습을 드러냈다.

2013년 1월 26일 김정은 제1위원장이 핵실험과 관련된 중요 정책 결정을 위해 소집한 '국가안전 및 대외 부문 일군협의회'에도 장성택은 모습을 드러내지 않았다. 반면 2월 초 군사력 강화와 관련된 김정은 제1위원장의 지침을 전달하기 위해 개최된 당중앙군사위원회 확대회의에서 참석했다. 3월에 열

| 2013년 1월 26일 김정은 제1위원장이 핵실험과 관련된 중요 정책 결정을 위해 소집한 '국가안전 및 대외 부문 일군협의회'에서 김계관 외무성 제1부상의 보고를 듣고 있다. 이 회의에 장성택은 불참했다.

린 당 중앙위원회 전원회의에서는 '경제건설과 핵무력 건설 병진노선'이 채택됐다. 그러나 2012년 12월부터 2013년 4월까지 긴장이 고조된 시점에 장성택이 공개석상에 모습을 잘 드러내지 않았다.

이와 관련 장성택이 2012년 12월 '은하 3호 장거리 로켓' 발사와 2013년 2월의 3차 핵실험에 대해 반대의견을 갖고 있었다는 설이 흘러나오고 있다. 3월 당 중앙위원회 전원회의에서도 드러내놓고 반대는 못했지만 '경제건설과 핵무력 건설 병진노선' 채택에 부정적 의견이었다는 것이다. 물론 중국을 의식해 공개활동을 자제했다는 설도 있다.

김정은 제1위원장의 명령에 불복

정치국 결정서는 '장성택과 그 추종자들'이 김정은 제1위원장의 명령에 불복했으며 당의 노선과 정책을 집행하는 데도 태만하거나 왜곡했다고 지적했다. 장성택이 노동당 정치국회의나 국방위원회에서 결정된 사안에 대해 '반대의견'을 표명했거나 집행을 제대로 하지 않았을 가능성이 있는 것이다. 정치국 결정서에서 장성택에 대해 "당의 유일적 령도체계를 세우는 사업을 저해"하고, "앞에서는 당과 수령을 받드는척하고 뒤에 돌아앉아서는 동상이몽, 양봉음위(陽奉陰違, 앞에서는 받드는 척하지만 뒤로는 다른 행동을 함) 하는 종파적 행위를 일삼았다"라고 지적한 것도 이와 관련된 것이다. 즉 공식회의 석상에서는 자신의 의견을 제출하지 않고, 결정사항에 대해 불만을 표시하며 개성공단 문제처럼 수정을 시도했을 가능성이 농후하다. 북에서는 용납될 수 없는 행동이었다.

판결문에서는 "장성택이 지난 기간 우리 당의 조직적의사인 당의 로선과 정책을 체계적으로 거역하는 반당적행위를 감행한 것은 제놈을 당에서 결론한 문제도, 당의 방침도 뒤집을수 있는 특수한 존재처럼 보이게 하여 제놈에 대한 극도의 환상과 우상화를 조장시키려는 고의적이고 불순한 기도의 발로였다"고 지적했다.

사실 면종복배(面從腹背)와 비슷한 뜻인 양봉음위는 과거 북이 '반당반혁명 숙청사건' 때마다 써먹은 용어다. 그런데 이 단어를 몇 년 전 북측 관계자로부터 들은 적이 있다. 당시는 그는 "지금 장군님(김정일 위원장) 앞에서는 만세를 부르고 갖은 미사여구를 나열하지만 뒤로 돌아서면 딴 생각을 하고 제 주머니만 챙기는, 양봉음위하는 간부들이 있다는 게 큰 문제다"라고 말했었다. "그런 간부 중에 장성택도 포함되냐"고 묻자 그는 대답을 피하며 "알아서 판단하라"라고 말했다. 북 내부에 장성택의 행적에 대해 비판적인 의견이 잠재돼 있었던 것이다.

장성택은 왜 계속된 '경고'를 무시했나?

2013년 1월 29일에 열린 제4차 당세포비서대회에서 김정은 제1위원장은 "세도군, 관료주의자들이야말로 우리 당이 단호히 쳐야 할 주되는 투쟁대상"이라며 예상보다 강도 높게 '세도'와 '관료주의' 척결을 강조했다.

"당중앙위원회는 인민대중중심의 사회주의화원에 돋아난 독초와 같은 세도와 관료주의를 벌초만 할것이 아니라 뿌리채 뽑아버리기로 단단히 결심하였습니다. 세도와 관료주의를 반대하는 투쟁은 모든 당조직들과 당원들이 다 떨쳐나서야 할 전당적인 사업입니다. 세도와 관료주의를 없애자면 일군들과 세포비서들이 자신을 혁명적으로 수양하기 위하여 적극 노력하며 중앙당과 도·시·군당, 초급당조직들은 물론 당세포들에서도 세도,관료주의와의 투쟁을 원칙적으로 강도높이 벌려야 합니다."

여기서 언급한 '세도'와 '관료주의'가 장성택을 직접 겨냥했는지 여부는 확인이 되지 않았지만 결과적으로는 장성택에 대한 경고가 됐다고 할 수 있다. 이날 김정은 제1위원장의 연설 내용에는 "사업에서는 직급이 있어도 당 생활에서는 높고 낮은 당원이 있을 수 없으며 당안에서는 이중규률이 허용될 수 없습니다"는 구절도 포함돼 있었다. 실제로 장성택이 체포된 정치국 확대회의에서 채택된 정치국 결정서에도 "우리 당은 앞으로도 혁명의 원칙을 저버리고 당의 령도에 도전하며 당과 국가의 리익, 인민의 리익을 침해하는 자는 그가 누구이든 직위와 공로에 관계없이 추호도 용서치 않을 것"이라는 대목이 들어가 있다.

남쪽에서도 이상하게 판단

세포비서대회가 끝난 직후인 2013년 1월 31일 국방부 정보본부는 "올해 들어 장성택이 김정은(당 제1비서)을 별로 의식하지 않는 모습이 자주 식별돼 북한 내 실질 권력자가 김정은이 아닌 장성택이라는 소문이 지속적으로 들린다"는 보도자료를 냈다.

국가안전보위부와 인민보안부를 통제하는 장성택 행정부장이 1월 26일 김정은 제1비서가 주관하는 국가안전 및 대외일군협의회에 참석하지 않았다는 점, 제4차 당세포 비서대회에서 김 제1비서의 연설 때 장 부장이 다른 곳을 바라보거나 자세를 삐딱하게 했다는 점을 제시했다. 북을 자극할 수 있는 민감한 내용이었다. 국방부 정보본부가 이 같은 보도자료를 낸 의도는 차치하고, '세도'와 '관료주의' 척결을 강조하는 자리에서 보인 장성택의 행동이 북의 당 조직지도부나 국가안전보위부 등의 기관에서 볼 때 곱게 받아들일 사안은 아니었다.

한달 여 동안 공개석상에 등장하지 않아

장성택의 첫 번째 현실적인 위기는 5월에 찾아왔다. 장성택은 2013년 5월 13일 김정은 제1위원장의 인민내무군협주단 공연 관람 이후 6월 10일 평양 국제축구학교 시찰에 동행할 때까지 한 달여 간 공식석상에 모습을 드러내지 않았다.

판결문에는 "장성택은 석탄을 비롯한 귀중한 지하자원을 망탕 팔아먹도록 하여 심복들이 거간군들에게 속아 많은 빚을 지게 만들고 지난 5월 그 빚을 갚는다고 하면서 라선경제무역지대의 토지를 50년 기한으로 외국에 팔아먹는 매국행위도 서슴지 않았다"라고 지적돼 있다. 5월에 무슨 일이 있었던 것일까?

'겨레얼통일연대' 장세율 대표(군 출신 탈북자)는 최근 《중앙일보》와 인터뷰 이렇게 말했다.

"2011년 4월 김정은이 장성택을 국방위 부위원장으로 승격시키면서 총정치국 산하 54부를 맡게 했다. 겉은 무역회사지만 실제론 인민군의 석탄·연료·피복·목재·생활필수품 등을 공급하는 회사다. 장성택은 54부 부장(사장)에 장수길 행정부 부부장을 임명하고 기존 간부들은 그대로 남겼다. 그런데 장성택 주변에 이용하 노동당 행정부 제1부부장, 장수길 행정부 부부장, 54부 당비서, 인민보안부 정치부장으로 4인방이 만들어졌다는 말이 퍼졌다. 그중 54부 당비서가 끄나풀이 돼 장성택의 모든 것을 비밀리에 총정치국에 전했다."

현재로서는 확인하기 어려운 전언이다. 그런데 맥락이 비슷한 다른 전언이 또 있다.

"올해 들어 김정은 제1위원장은 마식령스키장 건설에 큰 관심을 보였는데, 여기에 들어가는 자금을 장수길 부부장이 관할하는 무역회사에서 중국기업으로부터 조달했다. 그런데 약속한 기일이 돼도 빌린 자금을 갚지 않자 중국기업이 북한 당국에 상환을 요구했다. 문제는 장수길이 빌렸다고 한 금액과 중국기업이 요구한 금액 사이에 큰 차이가 있었다는 점이다."

두 전언의 내용은 다르지만 공통적으로 장수길이 운영하는 무역회사의 자금에서 문제가 생겼다는 것이다. 당 행정부 간부들에 대한 내사가 이때 시작됐다고 한다. 그러나 인민군 총정치국이나 국가안전보위부의 당 행정부에 대한 검열은 제대로 이뤄지지 않은 듯하다. "제놈(장성택)이 있던 부서를 그 누구도 다치지 못하는 《소왕국》으로 만들어놓았다"라는 판결문의 지적이 이를 시사한다. 최근 나온 또 다른 전언 역시 54국 산하로 세계 곳곳에 산재해 있는 북의 해당화식당에서 발생한 이익을 별도로 관리하다 적발됐다는 것이다.

'당의 유일사상 체계 확립의 10대 원칙' 개정

6월에 들어 북한은 '당의 유일사상 체계 확립의 10대 원칙'을 39년 만에 개정하면서 다시 '분파주의'에 대해 경고를 했다. 6월 19일 김정은 국방위원회 제1위원장이 직접 노동당과 군, 국가, 근로단체, 출판보도 부문 '책임일군'(고위간부)를 앞에서 '유일 영도체계' 확립에 대한 연설을 직접 한 것으로 확인됐다. 김 제1위원장은 이날 〈혁명발전의 요구에 맞게 당의 유일적 영도체계를 더욱 철저히 세울데 대하여〉라는 제목으로 연설했고 조선노동당출판사는 이 연설을 7월 1일 소책자로 발행했다.

개정된 10대 원칙 6조 4항에는 "개별적 간부들의 직권에 눌리어 맹종맹동하거나 비원칙적으로 행동하는 현상을 없애야 한다"는 내용과 함께 기존의

"당의 통일단결을 파괴하고 좀먹는 종파주의, 지방주의, 가족주의를 비롯한 온갖 반당적 요소에 반대하여 견결히 투쟁하여야 한다"는 내용에 '동상이몽, 양봉음위하는 현상'을 추가했다. 또한 2조의 "금수산태양궁전을 영원한 성지로 꾸리고 결사 보위한다", 3조의 "백두산 위인들의 초상화, 동상, 영상을 담은 작품, 말씀판 등은 정중히 모시고 철저히 보위하여야 한다" 등 수령 우상화물에 대한 내용도 추가하거나 개정했다. '세도와 관료주의'는 7조 7항에 추가됐다.

"세도와 관료주의, 주관주의, 형식주의, 본위주의를 비롯한 낡은 사업방법과 작풍을 철저히 없애야 한다."

그런데 묘하게도 이때 추가된 내용들이 모두 장성택의 죄목으로 거론됐다. 판결문에는 '당의 유일사상 체계 확립의 10대 원칙' 제3조 위반과 관련 "(장성택은) 무엄하게도 대동강타일공장에 위대한 대원수님들의 모자이크영상작품과 현지지도사적비를 모시는 사업을 가로막았을 뿐아니라 경애하는 원수님께서 조선인민내무군 군부대에 보내주신 친필서한을 천연화강석에 새겨 부대 지휘부청사 앞에 정중히 모시자는 장병들의 일치한 의견을 묵살하던 끝에 마지못해 그늘진 한쪽구석에 건립하게 내리먹이는 망동을 부렸다" 라고 지적돼 있다.

우승팀이 뒤바뀐 사건 발생

3개월 후인 8월 말 또 다른 대형악재가 터졌다. 8월 28일 김일성경기장에서 김정은 제1위원장이 직접 관람한 '횃불컵' 1급 남자축구 인민군 '4.25팀'과 결승경기가 며칠 후 부정선수를 출전시켰다며 선봉팀의 우승 기록을 박탈하고 4.25팀을 우승팀으로 조정한 것이다. 북한의 체제 속성상 당연히 '정치적 문제'로 비화될 수 있는 사안이었다. 국가체육지도위원장이었던 장성택의 입장에서도 난처한 상황이 됐을 것이다. 그런데도 이때까지는 표면적으로는 장성택의 위상에 큰 변화가 감지되지 않았다.

그러나 11월 측근들의 모임에서 장성택을 '1번동지'라고 지칭한 것이 파악되면서 장성택과 측근인사들이 체포되는 상황까지 이르게 된 것으로 보인다. 판결문에는 이렇게 지적돼 있다.

"장성택이 제놈에 대한 환상과 우상화를 조장시키려고 끈질기게 책동한 결과 놈이 있던 부서와 산하기관의 아첨분자, 추종분자들은 장성택을 《1번동지》라고 취주며 어떻게 하나 잘 보이기 위해 당의 지시도 거역하는데까지 이르렀다. 장성택은 부서와 대상기관에 당의 방침보다도 제놈의 말을 더 중시하고 받아무는 이질적인 사업체계를 세워놓음으로써 심복졸개들과 추종자들이 조선인민군 최고사령관 명령에 불복하는 반혁명적인 행위를 서슴없이 감행하게 하였다."

장성택을 '1번동지'로 호칭?

장성택의 측근들이 실제로 '1번동지'라는 말을 했는지, 언제, 어떤 상황에서 이런 말이 나왔는지는 불확실하다. 다만 '1번동지'란 말이 '반당반혁명종파행위'에서 '국가전복음모'로 확대돼 장성택이 사형당하는 결정적 빌미가 된 것은 확실한 것 같다.

판결문에는 "정권야욕에 미쳐 분별을 잃고 날뛰던 나머지 군대를 동원하면 정변을 성사시킬수 있을 것이라고 어리석게 타산하면서 인민군대에까지 마수를 뻗치려고 집요하게 책동하였다"라고 적시돼 있지만 구체적인 내용은 확인되지 않는다.

여전히 의문으로 남는 것은 2013년에 들어 계속적으로 간부의 '세도와 관료주의'가 제기되고, 자신에 대한 '검열의 경고음'이 울리는데도 장성택이 왜 주변정리를 확실히 하지 않았냐는 점이다. 판결문에서 지적한 것처럼 "오래 전부터 품고있던 정권야욕"이 '2인자의 자리'에 확고히 서자 그대로 표출된 것일까? 아니면 세포비서대회에서 "세도와 관료주의는 단순히 일군들의 성격상문제나 사업작풍상의 문제가 아니라 사상상의 문제"라고 지적된 것처럼 '사상의 변화'가 있었던 것일까?

김정은체제의 공고화로 귀결될 것

일각에서는 장성택이 중국을 믿고 있었다는 추론을 내놓기도 한다. 판결문에 나와 있는 "장성택은 비렬한 방법으로 권력을 탈취한 후 외부세계에 《개혁가》로 인식된 제놈의 추악한 몰골을 리용하여 짧은 기간에 《신정권》이 외국의 《인정》을 받을 수 있을 것이라고 어리석게 망상하였다"라는 대목이 근거다. 역시 현재로서는 확인하기 어려운 추론이다.

사실 2012년 경제사업에 대한 내각의 '통일적 지도'를 강조하며 '내각책임제' 확립을 추진한 김정은 제1위원장의 방침에 소극적 태도를 보여 해임된 리영호 전 인민군 총참모장처럼 장성택 숙청도 첫 출발은 당 행정부가 관할하던 무역회사와 자금의 내각으로의 이관문제에서 비롯됐을 수도 있다.

정치국 결정서는 '장성택 일당'이 "교묘한 방법으로 나라의 경제발전과 인민생활 향상에서 주요한 몫을 담당한 부문과 단위들을 걷어쥐고 내각을 비롯한 경제지도기관들이 자기 역할을 할 수 없게 만들었다"고 지적하고 있다. 실제로 당 행정부가 내각이 관장하도록 한 '부문과 단위'를 계속 놓지 않고 이권을 챙겼을 가능성이 크다.

| 조선인민군 4차 중대장·정치지도원회의가 2013년 10월 22~23일 평양에서 진행된 가운데, 김정은 국방위원회 제1위
원장이 연설하고 있다. 군대 내부의 '바닥 군심' 잡기에 나선 것이다.

실제로 남쪽의 정보당국은 "장성택이 이권에 개입해 타 기관(군부 등)의 불만이 고조됐다. 김정은 제1위원장은 비리 관련 보고를 받고 장성택을 불신하게 됐다"며 "노동당 행정부 산하 54부를 중심으로 알짜 사업의 이권에 개입했고, 이는 주로 석탄에 관한 것"이라고 설명했다.

그렇다고 하더라도 당 행정부가 벌어들인 자금이 경제건설에 쓰였기 때문에 자금 마련과정에서 자원을 헐값으로 판 행위, 광산개발권을 투자대가로 넘긴 행위, 라선특구의 토지를 넘긴 행위 등과 장성택의 과거 행적과 부정부패 등은 어쩌면 군더더기에 불과할 수도 있다. 장성택이 '혁명화 과정'을 거치는 것으로 마무리될 수도 있었을 것이다.

그러나 '당의 유일사상 체계 확립의 10대 원칙' 위배, '최고사령관 명령에 불복하는 반혁명적인 행위', 장성택을 '1번동지'라고 지칭한 행위 등이 조직지도부와 국가안전부의 '합동검열보고서'에서 거론되는 순간 김정은 제1위원장의 유일영도체계가 공고화되는 조건에서 장성택도 최악의 상황을 피해 갈 수는 없었을 것이다. 오랫동안 몸을 낮추고 이른바 '2인자'의 자리에 있었던 장성택이 이 같은 상황을 염두에 두지 않았다는 점이 이상할 정도다.

이른바 '장성택 라인'은 없다

12월 8일 당 정치국 확대회의 이후 북은 다시 평상을 되찾았다. 국내외 언론에서는 북의 특정인사를 장성택의 측근이라고 거론하며 줄줄이 체포될 것이라고 보도하고, 일부 인사가 이미 망명했다고 거론했다. 그러나 거론된 인사의 대다수가 12월 13일 사망한 김국태 당검열위원장의 장례위원회 명단에 올라 건재를 확인했다. 2004년 장성택과 관련 간부들이 '분파행위'로 2년간 '혁명화 과정'을 거치면서 밖에서 거론하는 '장성택 라인'은 사실상 해체됐던 것이다. 판결문에서 명시된 당 행정부와 산하기관의 '아첨분자, 추종분자들'은 이미 체포됐을 것이다.

한 고위탈북자는 "북에서도 일정한 직위에 올라가기 위해서는 이런저런 연줄이 작용한다. 그러나 중앙당 과장급 이상부터는 철저하게 실력이 있어야 승진할 수 있다. 유력한 실력자에게 줄을 대거나 누구 누구의 사람이라고 불리는 것은 거의 자살행위에 가깝다"라고 말했다.

따라서 노동당 중앙당 과장급 이상의 간부 중에서 장성택사건과 직접 관련돼 정치적으로 문제가 되는 사람은 국내 전문가나 언론의 예상보다 훨씬 적을 것이다.

또한 당 행정부가 해체된 후 힘이 실리게 된 내각 주도로 경제관리개선 조치와 경제특구(개발구) 확대 정책도 안정적으로 진행될 것으로 전망된다. 특히 장성택사건을 계기로 세포비서대회에서 강조된 "중앙당과 도·시·군당,

초급당조직들은 물론 당세포들에서도 세도, 관료주의와의 투쟁"이 강도 높게 진행될 것으로 예상된다. 이는 과거 1956년의 '8월종파사건'이나 1967년의 '박금철·이효순의 반당반혁명사건'의 사례에서 알 수 있듯이 김정은체제의 불안정성보다는 공고화로 귀결된 가능성이 크다. ☼

'천만군민의 치솟는 분노의 폭발 · 만고역적 단호히 처단,

천하의 만고역적 장성택에 대한 조선민주주의인민공화국 국가안전보위부

특별군사재판 진행'

(조선중앙통신 2013년 12월 13일)

조선로동당 중앙위원회 정치국 확대회의에 관한 보도에 접하여 반당반혁
명종파분자들에게 혁명의 준엄한 심판을 내려야 한다는 우리 군대와 인민의
분노의 웨침이 온 나라를 진감하고있는 속에 천하의 만고역적 장성택에 대한
조선민주주의인민공화국 국가안전보위부 특별군사재판이 12월 12일에 진행
되였다.

특별군사재판은 현대판종파의 두목으로서 장기간에 걸쳐 불순세력을 규
합하고 분파를 형성하여 우리 당과 국가의 최고권력을 찬탈할 야망밑에 갖은
모략과 비렬한 수법으로 국가전복음모의 극악한 범죄를 감행한 피소자 장성
택의 죄행에 대한 심리를 진행하였다.

특별군사재판에 기소된 장성택의 일체 범행은 심리과정에 100% 립증되
고 피소자에 의하여 전적으로 시인되였다.

공판에서는 조선민주주의인민공화국 국가안전보위부 특별군사재판소 판
결문이 랑독되였다.

판결문의 구절구절은 반당반혁명종파분자이며 흉악한 정치적야심가, 음
모가인 장성택의 머리우에 내려진 증오와 격분에 찬 우리 군대와 인민의 준
엄한 철추와도 같았다.

천만군민의 치솟는 분노의 폭발. 만고역적 단호히 처단

천하의 만고역적 장성택에 대한 조선민주주의 인민공화국 국가안전보위부 특별군사재판 진행

피소자 장성택은 우리 당과 국가의 지도부와 사회주의제도를 전복할 목적밑에 반당반혁명적종파행위를 감행하고 조국을 반역한 천하의 만고역적이다.

장성택은 일찍부터 위대한 수령 김일성동지와 위대한 령도자 김정일동지의 높은 정치적신임에 의하여 당과 국가의 책임적인 직위에 등용되고 위대한 대원수님들의 은덕을 그 누구보다도 많이 받아안았다.

장성택은 특히 경애하는 김정은동지로부터 이전시기보다 더 높은 직무와 더 큰 믿음을 받았다. 장성택이 백두산절세위인들로부터 받아안은 정치적믿음과 은혜는 너무도 분에 넘치는것이였다. 믿음에는 의리로 보답하고 은혜는 충정으로 갚는것이 인간의 초보적인 도리이다.

그러나 개만도 못한 추악한 인간쓰레기 장성택은 당과 수령으로부터 받아안은 하늘같은 믿음과 뜨거운 육친적사랑을 배신하고 천인공노할 반역행위를 감행하였다.

놈은 오래전부터 더러운 정치적야심을 가지고있었으나 위대한 수령님과 장군님께서 생존해계실 때에는 감히 머리를 쳐들지 못하고 눈치를 보면서 동상이몽, 양봉음위하다가 혁명의 대가 바뀌는 력사적전환의 시기에 와서 드디어 때가 왔다고 생각하고 본색을 드러내기 시작하였다.

장성택은 전당, 전군, 전민의 일치한 념원과 의사에 따라 경애하는 김정은동지를 위대한 장군님의 유일한 후계자로 높이 추대할데 대한 중대한 문제가 토의되는 시기에 왼새끼를 꼬면서 령도의 계승문제를 음으로 양으로 방해하는 천추에 용납 못할 대역죄를 지었다.

놈은 자기의 교묘한 책동이 통할수 없게 되고 력사적인 조선로동당 제3차 대표자회에서 전체 당원들과 인민군장병들, 인민들의 총의에 따라 경애하는 김정은동지를 조선로동당 중앙군사위원회 부위원장으로 높이 모시였다는 결정이 선포되여 온 장내가 열광적인 환호로 끓어번질 때 마지못해 자리에서 일어서서 건성건성 박수를 치면서 오만불손하게 행동하여 우리 군대와 인민의 치솟는 분노를 자아냈다.

놈은 그때 자기도 모르게 그렇게 행동한것이 경애하는 김정은동지의 군령도지반과 령군체계가 공고해지면 앞으로 제놈이 당과 국가의 권력을 탈취하는데 커다란 장애가 조성될것이라고 생각하였기때문이라고 자인하였다.

장성택은 그후 위대한 장군님께서 너무도 갑자기, 너무도 일찍이, 너무도 애석하게 우리곁을 떠나시게 되자 오래전부터 품고있던 정권야욕을 실현하기 위하여 본격적으로 책동하기 시작하였다.

장성택은 경애하는 원수님을 가까이 모시고 현지지도를 자주 수행하게 된것을 악용하여 제놈이 늘 원수님 가까이에 있으면서 혁명의 수뇌부와 어깨를 나란히 하는 특별한 존재라는것을 대내외에 보여주어 제놈에 대한 환상을 조성하려고 꾀하였다.

장성택은 제놈이 당과 국가지도부를 뒤집어엎는데 써먹을 반동무리들을 규합하기 위하여 위대한 장군님의 말씀을 거역하고 제놈에게 아부아첨하고 추종하다가 된타격을 받고 철직, 해임된자들을 비롯한 불순이색분자들을 교묘한 방법으로 당중앙위원회 부서와 산하기관들에 끌어들이였다.

장성택은 청년사업부문에 배겨있으면서 적들에게 매수되여 변절한자들, 배신자들과 한동아리가 되여 우리 나라 청년운동에 엄중한 해독을 끼치였을뿐아니라 그자들이 당의 단호한 조치에 의하여 적발숙청된 이후에도 그 끄나불들을 계속 끌고다니면서 당과 국가의 중요직책에 박아넣었다.

놈은 1980년대부터 아첨군인 리룡하놈을 제놈이 다른 직무에 조동될 때마다 끌고다니였으며 당의 유일적령도를 거부하는 종파적행동을 하여 쫓겨났던 그자를 체계적으로 당중앙위원회 제1부부장자리에까지 올려놓아 제놈의 심복졸개로 만들어놓았다.

장성택은 당의 유일적령도를 거부하는 중대사건을 발생시켜 쫓겨갔던 측근들과 아첨군들을 교묘한 방법으로 몇년사이에 제놈이 있는 부서와 산하단위들에 끌어올리고 전과자, 경력에 문제가 있는자, 불평불만을 가진자들을 체계적으로 자기 주위에 규합하고는 그우에 신성불가침의 존재로 군림하였다.

놈은 부서와 산하단위의 기구를 대대적으로 늘이면서 나라의 전반사업을 걷어쥐고 성, 중앙기관들에 깊숙이 손을 뻗치려고 책동하였으며 제놈이 있던 부서를 그 누구도 다치지 못하는 《소왕국》으로 만들어놓았다.

놈은 무엄하게도 대동강타일공장에 위대한 대원수님들의 모자이크영상작품과 현지지도사적비를 모시는 사업을 가로막았을뿐아니라 경애하는 원수님께서 조선인민내무군 군부대에 보내주신 친필서한을 천연화강석에 새겨 부대 지휘부청사앞에 정중히 모시자는 장병들의 일치한 의견을 묵살하던 끝에 마지못해 그늘진 한쪽구석에 건립하게 내리먹이는 망동을 부렸다.

장성택이 지난 기간 우리 당의 조직적의사인 당의 로선과 정책을 체계적으로 거역하는 반당적행위를 감행한것은 제놈을 당에서 결론한 문제도, 당의 방침도 뒤집을수 있는 특수한 존재처럼 보이게 하여 제놈에 대한 극도의 환상과 우상화를 조장시키려는 고의적이고 불순한 기도의 발로였다.

장성택은 제놈에 대한 환상을 조성하기 위하여 당과 수령에 대한 우리 군대와 인민의 깨끗한 충정과 뜨거운 지성이 깃들어있는 물자들까지도 중도에서 가로채 심복졸개들에게 나누어주면서 제놈의 낯내기를 하는 무엄한짓을 하였다.

장성택이 제놈에 대한 환상과 우상화를 조장시키려고 끈질기게 책동한 결과 놈이 있던 부서와 산하기관의 아첨분자, 추종분자들은 장성택을 《1번동지》라고 취주며 어떻게 하나 잘 보이기 위해 당의 지시도 거역하는데까지 이르렀다.

장성택은 부서와 대상기관에 당의 방침보다도 제놈의 말을 더 중시하고 받아무는 이질적인 사업체계를 세워놓음으로써 심복졸개들과 추종자들이 조선인민군 최고사령관 명령에 불복하는 반혁명적인 행위를 서슴없이 감행하게 하였다.

최고사령관의 명령에 불복하는것들은 그가 누구이든 혁명의 총대는 절대로 용서치 않을것이며 그런자들은 죽어서도 이 땅에 묻힐 자리가 없다.

장성택은 당과 국가의 최고권력을 가로채기 위한 첫 단계로 내각총리자리에 올라앉을 개꿈을 꾸면서 제놈이 있던 부서가 나라의 중요경제부문들을 다 걷어쥐여 내각을 무력화시킴으로써 나라의 경제와 인민생활을 수습할수 없는 파국에로 몰아가려고 획책하였다.

놈은 위대한 장군님께서 최고인민회의 제10기 제1차회의에서 세워주신 새로운 국가기구체계를 무시하고 내각소속 검열감독기관들을 제놈밑에 소속시키였으며 위원회, 성, 중앙기관과 도·시·군급기관을 내오거나 없애는 문제, 무역 및 외화벌이단위와 재외기구를 조직하는 문제, 생활비적용문제를 비롯하여 내각에서 맡아하던 일체 기구사업과 관련한 모든 문제를 손안에 걸어쥐고 제 마음대로 좌지우지함으로써 내각이 경제사령부로서의 기능과 역할을 제대로 할수 없게 하였다.

놈은 국가건설감독기구와 관련한 문제를 내각과 해당 성과 합의도 하지 않고 당에 거짓보고를 드리려고 시도하다가 해당 일군들이 위대한 대원수님들께서 작성해주신 건설법과 어긋난다는 정당한 의견을 제기하자 《그러면 건설법을 뜯어고치면 되지 않는가.》고 망발하였다.

장성택은 직권을 악용하여 위대한 대원수님들께서 세워주신 수도건설과 관련한 사업체계를 헝클어놓아 몇년사이에 건설건재기지들을 폐허로 만들다싶이 하고 교활한 수법으로 수도건설단위 기술자,기능공대렬을 약화시키였으며 중요건설단위들을 심복들에게 넘겨주어 돈벌이를 하게 만들어놓음으로써 평양시건설을 고의적으로 방해하였다.

장성택은 석탄을 비롯한 귀중한 지하자원을 망탕 팔아먹도록 하여 심복들이 거간군들에게 속아 많은 빚을 지게 만들고 지난 5월 그 빚을 갚는다고 하면서 라선경제무역지대의 토지를 50년 기한으로 외국에 팔아먹는 매국행위도 서슴지 않았다.

2009년 만고역적 박남기놈을 부추겨 수천억원의 우리 돈을 람발하면서 엄청난 경제적혼란이 일어나게 하고 민심을 어지럽히도록 배후조종한 장본인도 바로 장성택이다.

장성택은 정치적야망실현에 필요한 자금을 확보하기 위하여 각종 명목으로 돈벌이를 장려하고 부정부패행위를 일삼으면서 우리 사회에 안일해이하고 무규률적인 독소를 퍼뜨리는데 앞장섰다. 1980년대 광복거리건설때부터 귀금속을 걷어모아온 장성택은 수중에 비밀기관을 만들어놓고는 국가의 법은 안중에도 없이 은행에서 거액의 자금을 **빼내여** 귀금속을 사들임으로써 국가의 재정관리체계에 커다란 혼란을 조성하는 반국가범죄행위를 감행하였다.

장성택은 2009년부터 온갖 추잡하고 더러운 사진자료들을 심복졸개들에게 류포시켜 자본주의날라리풍이 우리 내부에 들어오도록 선도하였으며 가는 곳마다에서 돈을 망탕 뿌리면서 부화방탕한 생활을 일삼았다.

장성택이 2009년 한해에만도 제놈의 비밀돈창고에서 460여만 유로를 꺼내 탕진한 사실과 외국도박장출입까지 한 사실 하나만 놓고보아도 놈이 얼마나 타락,변질되였는가를 잘 알수 있다.

장성택은 정권야욕에 미쳐 분별을 잃고 날뛰던 나머지 군대를 동원하면 정변을 성사시킬수 있을것이라고 어리석게 타산하면서 인민군대에까지 마수를 **뻗치려고** 집요하게 책동하였다.

장성택놈은 심리과정에 《나는 군대와 인민이 현재 나라의 경제실태와 인민생활이 파국적으로 번져지는데도 불구하고 현 정권이 아무런 대책도 세우지 못한다는 불만을 품게 하려고 시도하였다.》고 하면서 정변의 대상이 바로 《최고령도자동지이다.》고 만고역적의 추악한 본심을 그대로 드러내놓았다.

놈은 정변의 수단과 방법에 대하여 《인맥관계에 있는 군대간부들을 리용하거나 측근들을 내몰아 수하에 장악된 무력으로 하려고 하였다. 최근에 임명된 군대간부들은 잘 몰라도 이전시기 임명된 군대간부들과는 면목이 있다. 그리고 앞으로 인민들과 군인들의 생활이 더 악화되면 군대도 정변에 동조할수 있지 않겠는가고 생각하였다. 그리고 내가 있던 부서의 리룡하,장수길을 비롯한 심복들은 얼마든지 나를 따를것이라고 보았으며 정변에 인민보안기관을 담당한 사람도 나의 측근으로 리용해보려고 하였다. 이밖에 몇명도 내가 리용할수 있다고 보았다.)고 꺼리낌없이 뇌까리였다.

장성택놈은 정변을 일으킬 시점과 정변이후에는 어떻게 하려고 하였는가에 대하여 《정변시기는 딱히 정한것이 없었다. 그러나 일정한 시기에 가서 경제가 완전히 주저앉고 국가가 붕괴직전에 이르면 내가 있던 부서와 모든 경제기관들을 내각에 집중시키고 내가 총리를 하려고 하였다. 내가 총리가 된 다음에는 지금까지 여러가지 명목으로 확보한 막대한 자금으로 일정하게 생활문제를 풀어주면 인민들과 군대는 나의 만세를 부를것이며 정변은 순조롭게 성사될것으로 타산하였다.)고 토설하였다.

장성택은 비렬한 방법으로 권력을 탈취한 후 외부세계에 《개혁가》로 인식된 제놈의 추악한 몰골을 리용하여 짧은 기간에 《신정권》이 외국의 《인정》을 받을수 있을것이라고 어리석게 망상하였다.

모든 사실은 장성택이 미국과 괴뢰역적패당의 《전략적인내》정책과 《기다리는 전략》에 편승하여 우리 공화국을 내부로부터 와해붕괴시키고 당과 국가의 최고권력을 장악하려고 오래전부터 가장 교활하고 음흉한 수단과 방법을 다 동원하면서 악랄하게 책동하여온 천하에 둘도 없는 만고역적,매국노라는것을 똑똑히 보여주고있다.

장성택의 반당적, 반국가적, 반인민적인 죄악은 공화국 국가안전보위부 특별군사재판소 심리과정에 그 가증스럽고 추악한 전모가 낱낱이 밝혀지게 되었다. 시대와 력사는 당과 혁명의 원쑤, 인민의 원쑤이며 극악한 조국반역자인 장성택의 치떨리는 죄상을 영원히 기록하고 절대로 잊지 않을 것이다.

세월은 흐르고 세대가 열백번 바뀌여도 변할수도 바뀔수도 없는것이 백두의 혈통이다. 우리 당과 국가, 군대와 인민은 오직 김일성, 김정일, 김정은동지밖에는 그 누구도 모른다. 이 하늘아래서 감히 김정은동지의 유일적령도를 거부하고 원수님의 절대적권위에 도전하며 백두의 혈통과 일개인을 대치시키는자들을 우리 군대와 인민은 절대로 용서치 않고 그가 누구이든, 그 어디에 숨어있든 모조리 쓸어모아 력사의 준엄한 심판대우에 올려세우고 당과 혁명, 조국과 인민의 이름으로 무자비하게 징벌할것이다.

조선민주주의인민공화국 국가안전보위부 특별군사재판소는 피소자 장성택이 적들과 사상적으로 동조하여 우리 공화국의 인민주권을 뒤집을 목적으로 감행한 국가전복음모행위가 공화국형법 제60조에 해당하는 범죄를 구성한다는것을 확증하였으며 흉악한 정치적야심가, 음모가이며 만고역적인 장성택을 혁명의 이름으로, 인민의 이름으로 준렬히 단죄규탄하면서 공화국형법 제60조에 따라 사형에 처하기로 판결하였다.

판결은 즉시에 집행되였다.

4.

—

장성택은 누구인가?

1970년대 김경희 비서와 결혼하면서 부상
정치적 부침을 계속하다 '형장의 이슬'로 마감

|

장성택은 김정일시대에 들어와 가장 주목받은 간부의 한 사람이었다.
실제로 김정일시대에 장성택은 당중앙위원회 제1위원장으로 활발하게 활동했고,
2002년에는 북의 경제시찰단을 이끌고 서울을 방문하기도 했다.
굴곡이 많았던 그의 일생을 살펴봤다.

김일성 주석 사후 본격 등장

장성택은 김정일 국방위원장이 1997년 당 총비서, 1998년 국방위원장직을 공식 승계한 후 본격적으로 공식석상에 모습을 드러내기 시작했다. 1998년 5월 김정일 위원장의 김철주포병종합군관학교 시찰 때 수행한 것을 시작으로 그해 10월에는 만포시 현지지도 때 수행했다. 당시 직책은 당 조직지도부 제1부부장이었다. 이 즈음부터 당, 군, 경제, 공연 등 분야와 관계없이 김정일 위원장의 공개활동에 자주 동행하는 것이 포착됐다.

당시 남쪽에서는 장성택이 당 조직지도부의 터주대감격인 문성술이나 염기순 제1부부장보다 나이는 어리지만 조직지도부의 '실세'라고 평가를 했다. 당 조직지도부는 당 간부 및 당 조직을 총체적으로 관리하고 당 정치국 위원 및 후보위원, 당중앙위 위원·후보위원의 직함을 가진 국가 및 정부 행정간부들, 중앙과 지방의 각급 당 간부, 중앙당 직원 등의 선발과 임명 및 해임을 전적으로 주관한다. 장성택은 조직지도부에서 사법·검찰·공안기관을 당적으로 지도하는 역할을 맡았다. 특히 2000년 6월 남북정상회담 때 고별오찬 행사 등에 참석해 남쪽 수행단에 강한 인상을 남겼다.

대학 때 김경희와 연애

장성택은 1946년 1월 함경북도 청진시에서 태어났다. 그는 고등중학교를 졸업한 후 인민군에 입대해 군 복무를 마친 후 1966년 김일성대학 정치경제학부에 입학했다. 이때 그는 당시 김일성 수상의 딸인 김경희와 '운명적 만남'을 갖게 된다. 장성택이 1990년대 이후 '실세'란 평가를 받게 된 것도 김일성 주석과 김정일 국방위원장과의 특별한 관계 때문이었다. 그리고 이 가

| 장성택의 주요 경력 |

1966년경	김일성종합대학 입학
1969.	원산경제대학 졸업. 모스크바 유학
1972.	김경희와 결혼
1982.10	당 청소년사업부 부부장
1985. 7	당 청소년사업부 제1부부장
1986.11	최고인민회의 제8기 대의원
1988.12	당 청소년사업부 부장
1989. 4	'노력영웅' 칭호
1989. 6	당 중앙위 후보위원(보선)
1989. 7	당 청년 및 3대혁명소조부 부장
1990. 4	최고인민회의 제9기 대의원
1992. 4	김일성훈장 수훈
1992.12	당 중앙위 위원
1994. 7	김일성 국가장의위원회 위원
1995. 2	오진우 국가장의위원회 위원
1995.11	당 조직지도부 제1부부장
1998. 9	최고인민회의 제10기 대의원
1999. 9	리종옥 국가장의위원회 위원
2003. 9	최고인민회의 제11기 대의원
2006. 1	당 중앙위 제1부부장(복귀)
2007.12	당 중앙위 부장(행정부)
2008.10	박성철 국가장의위원회 위원
2009. 4	최고인민회의 제12기 대의원, 국방위원회 위원
2009. 4	홍성남 국가장의위원회 위원
2010. 4	김중린 국가장의위원회 위원
2010. 6	국방위원회 부위원장, 당 행정부장
2010. 9	당 정치국 후보위원, 당 중앙위 위원, 당 중앙군사위 위원
2010.11	조명록 국가장의위원회 위원
2011. 1	박정순 국가장의위원회 위원
2011.12	김정일 국가장의위원회 위원
2011.12	인민군 대장
2012. 2	김정일훈장 수훈
2012. 4	당 정치국 위원
2012. 11	국가체육지도위원회 위원장
2013. 12.12	사형

운데에는 김일성 주석의 딸이자 김정일 위원장 친동생으로 장성택의 부인이 된 김경희 현 노동당 비서가 놓여 있다.

장성택이 김일성대학 정치경제학부 재학시절 같은 학과에서 공부하고 있던 김정일 위원장의 누이동생 김경희는 당시 학급반장이며 사로청위원장, 학생위원장, 노동당세포위원장이던 장성택의 다방면적인 만능재주와 인간성에 매혹되었다고 한다. 김경희가 먼저 적극적으로 접근했고, 두 사람의 관계는 연인 사이로 발전했다. 그러나 대학 내에서 연애를 금기시하던 분위기 속에서 두 사람의 연애이야기가 퍼지면서 대학 내에서 입방아에 오르내리기 시작했다. 공부는 뒷전이고 연애 만한다는 식의 좋지 못한 여론이 파급될 것을 우려한 김정일 위원장은 김일성 수상에게 두 사람의 연애사실을 알리고 이들 사이를 갈라놓기 위해서 장성택을 원산경제대학으로 강제 전학시켜버렸다.

김일성 주석이 면담 후 결혼 승낙

그러나 김경희는 단념하지 않고 계속 편지를 하면서 일요일이면 가족들 몰래 장성택을 평양으로 오게 하여 만나거나 본인이 원산으로 내려가 만났다고 한다. 그리고 아버지와 오빠에게 장성택을 자신의 결혼상대로 허락해줄 것을 애원했다고 한다.

김경희의 집요한 간청에 못이긴 김정일 위원장은 사람을 시켜 장성택의 주위 환경, 학교생활 등을 자세히 알아보도록 하였고, 김일성 주석은 1968년 가을 강원도 현지지도 때 원산경제대학 졸업반에 공부하고 있던 장성택을 자신이 묵고있던 별장으로 불러 직접 만나보았다고 한다. 장성택을 만나본 후 김일성 주석은 "대단히 똑똑하고 야무지며 아주 총명하면서 인간미가 있고 전도가 유망한 된 놈이다. 우리 경희가 아주 간부사업까지 잘했다"고 칭

찬까지 하고 사위감으로 허락했다고 한다.

두사람은 대학을 졸업하고 정식 약혼했고 소련 모스크바대학으로 유학을 떠났다. 두 사람은 1972년 김일성 주석 생일 60주년을 계기로 결혼했으며 1973년 봄에 유학을 마치고 귀국했다. 이후 장성택은 노동당 중앙위원회 조직지도부 지도원, 김경희는 국제사업부 지도원으로 배치되었다.

전 노동당 고위간부였던 박병엽은 장성택을 다음과 같이 평가한 바 있다.

"장성택의 성품은 온화하며 쾌활 명랑하다. 활달하고 낙천적인 그의 성격은 김경희를 매료시킨 큰 요인이기도 하다. 한편 매사에 강한 집념을 갖고 정면적이고 적극적으로 대처하는 편이며, 대인관계에 있어서는 소탈하며 겸손하고 예절이 바르고 대중적이다. 아량과 이해심을 가졌다는 주위의 호평을 받고 있다. 평소 독서량이 많은 것으로 정평이 나있으며 탁구 배구 축구 등 여러 가지 운동을 즐겨한다. 그 중에서도 탁구는 수준급이며 대학 때는 축구 선수였다. 바이올린 기타 아코디언 등 여러가지 악기류도 잘 다루며 국수 냉면 등 음식을 좋아하는 것으로 알려져 있다. 취미가 다방면적인 만능재주꾼이다."

대학시절부터 두각

머리가 총명하고 회전이 빠른 장성택은 대학을 최우등으로 졸업했고 모스크바 유학시절에도 최우수성적을 받은 것으로 알려진다. 대학시절 학급반장, 학생위원회 위원장, 사로청 위원장, 노동당 세포위원장 등 학생간부로 활동했고, 사회건설 공사 등에 참가해 돌격대장으로 많이 알려졌다. 《김일성선집》 등 김일성저작물을 정독해 통달하다시피 했다고 한다. 뿐만 아니라 장성택은 정치 경제 과학 문예 등 다방면에 걸쳐 많은 독서량을 자랑하고 있으며 북쪽 사람으로서는 드물게 세계문학 전집, 삼국지, 임꺽정 등 동서고전을 읽어 이색적이라할 수 있을 정도로 박식한 편이다이었다고 한다.

장성택은 1973년 노동당 중앙위원회 조직지도부 지도원으로 재직하면서 처음으로 자시의 능력을 증명해 보였다. 장성택은 그해 조직된 인민경제계획 수행 70일전투 때 전투의 가장 난과제였던 석탄부분 지도성원으로 참여했다. 장성택은 가장 많은 석탄을 생산하는 평안남도 내 광산에 파견되었는데, 광산 막장에 직접 들어가서 탄부들과 같이 굴착기를 잡고 석탄을 캐면서 탄부들을 격려 추동해 저돌적으로 밀어붙였다고 한다. 장성택이 가는 곳마다 석탄생산고가 높아졌고, 그는 전투과제 계획을 수행하는데 크게 이바지한 공로로 국기훈장 1급을 수여 받았다.

다른 한가지 사례는 1976년의 경우다. 1976년 이른바 '판문점도끼만행사건'으로 긴장된 정세가 조성되자 북은 전쟁대비책의 일환으로 평양시민 강제이주 소개작업을 진행했다. 이 당시 장성택은 지휘성원으로 평양시당에 파견되었고, 국가보위부를 앞세워 사정없이 내밀어 붙여 단시일 내에 소개작업을 끝냈다고 한다.

1976년 평양시 주민소개작업 때 비판받기도

당시 대규모 평양주민 소개작전 과정에서 대해 박병엽은 이렇게 증언한 바 있다.

"판문점사건이 나자 북은 전국가적인 동원령을 내렸다. 대학생들이 군대에 동원되고 예비병(노농적위대, 교도대 등)들이 군사동원됐다. 제대장교들도

50대까지 현역으로 다시 복귀했다. 전쟁이 났을 때를 대비해 생산시설들을 후방 예비후보지로 옮길 준비를 진행했다. 또한 평양과 황해도, 강원도 등 전연지대(휴전근 인접 지역) 주민들의 '소개작업'도 시작했다. 전쟁 발발에 대비해 평양과 휴전선 지역에 거주하는 노약자, 성분 불량 계층 등을 함경도 지역으로 이주시키는 작업이었다. 소개작업이 시작되자 평양시내가 몇 달 동안 난리통이었다.

소개작업은 김정일 비서의 지시로 국가보위부가 주도했다. 평양시에 '주민소개 지도위원회'가 만들어졌다. 당시 김정일 비서의 매제인 장성택이 당 중앙지도과 평양시담당 책임지도원으로 이 작업을 실질적으로 지휘했다.

장성택은 무지하게 작업을 내밀었다. 8월말부터 11월 중순까지 평양만 약 20만 명의 주민이 다른 지역으로 이주됐다. 황해도, 강원도 전연지대 지역의 성분불량자, 허약자들로 8천세대 가량을 솎아냈다.

보위부원들이 소개장을 전달하며 1시까지 짐을 싸라고 지시한 후 옆집도 모르게 감쪽같이 진행했다. 만날 사람이 있으면 집에 못 가고 정거장에서 잠시 만날 수 있었다. '자고 나면 없을 정도로' 감쪽같이 됐다.

3개월 동안은 완전히 전쟁준비 상태였다. 8~9월에는 잘 때도 머리맡에 군장을 싸놓고 잤다. 3달 동안 노동자들도 직장에서 나와 전투위치로 나갔다. 대학도 허약자들만 남아 거의 휴업상태에 들어갔다.

소개는 폭격이 심할 것을 예상, 산골에 이주시키자는 취지였다. 배급이 잘 되니까 식량사정은 문제되지 않았다. 1976년 당시만 해도 배급을 폐지한다는 소리가 나올 때였다. 식량을 자유롭게 팔고 사먹을 수 있게 하자는 소리가 나올 때였다. 마지막에 김일성 주석이 "식량배급만은 안 된다. 제도 자체는 없앨 수 없다. 배급량은 늘릴 수 있다"고 해 무산됐다.

남쪽에서 어느 정도 걸고넘어지면 때린다는 생각도 있었다. 김정일 비서과 인민무력부의 판단이었다. 그러나 당시는 미군이 베트남에서 발을 뺄 때였다. 북의 대외정책에서 중국의 영향력은 상당히 컸다. 물심양면으로 중국의 지원을 받지 않고서는 안 된다는 것을 김일성 주석은 잘 알았다.

소개사업이 얼마나 강도 높게 진행되는지 처음에는 김일성 주석도 몰랐다. 시간이 가면서 사람들이 자살하고 불만이 높아지니 모를 수가 없었다. 당시 김일성종합대학에서 통계경제학을 전공하던 김모(월북자)교수가 김일성 주석과 잘 알았다. 김일성 주석이 현지지도 갔다가 와서 내각 회의할 때 김 교수를 불러오라고 지시했다. 당시 최재우가 국가계획위원장으로 있을 때였다. 그런데 김 교수도 월북자라 소개대상자 명단에 올라 이미 지방으로 소개된 뒤였다.

김일성 주석이 찾았으나 없다고 하자 "어디 갔냐"고 물었다. "소개됐다"고 대답하자 "이게 무슨 소리냐. 그 사람이 왜 갑자기 소개됐냐"고 물으니 "전쟁준비 때문에 소개됐다"고 대답했다. 김일성 주석이 굉장히 화를 냈다. 김일성 주석은 그들을 당장 불러 올리라고 지시했다. 그래서 소개된 20만명 중 6~7만명 정도가 다시 돌아왔다. 그중에는 항일빨치산 유가족들도 있었다.

책임추궁이 뒤따랐다. 장성택은 "너무 과격하게 밀어 부쳤다"해서 비판받았다. 4만가구를 석달 동안에 솎아내려면 하루에 몇 명을 데리고 가야 하겠는가. 가지 않아야 될 사람도 데리고 가는 등 부작용이 따를 수밖에 없었다. 소개작업을 실무적으로 이끌었던 국가보위부 4국 국장과 보위부원들이 철직당했다. 김일성 주석은 "해독분자의 소행이다. 당과 국가로부터 인민들을 분리시키려는 자이다. 소개를 시키려면 잘 설복해서 해야지 갑자기 들이닥쳐 그 날로 짐 싸게 해서 데려가면 되는가"라며 당 간부들을 모아 놓고 비판했다.

이때의 소개사업에 대해서는 두고두고 얘기되었다. 김정일 비서 본인도

▌ 1990년대 후반 장성택이 김정일 국방위원장의 현지지도에 동행해 기념촬영을 하고 있다. 두 손을 가지런히 모은 모습
이 인상적이다(왼쪽). 2012년 4월 말 김정은 국방위원회 제1위원장이 부인 리설주와 함께 개업을 앞둔 해당화관을 돌아
보고 있다. 다른 고위간부부터 앞에 서서 설명하고 있는 모습이 당시 장성택의 위상을 보여준다(오른쪽).

"군중사업에서 10년 후퇴했다"고 말했다. 명절 때 당 간부들과 모임을 가질
때면 "사람과의 사업에서 10년은 손해 봤다"는 말을 두고두고 얘기했다."

형과 동생은 인민군 장성으로 활동

평양시 소개작업으로 비판을 받았지만 장성택은 그 공로를 인정받아 국기
훈장 2급을 수여받았다고 한다. 그의 주위에 간부들이 모여드는 것을 우려
한 김정일 위원장의 지시로 1979년 좌천돼 강선제강소 압연직장 초급당비서
로 자리를 옮기기도 했다. 그러나 1982년 10월 당 청소년사업부 부부장으로
다시 중앙당에 복귀한 그는 1988년 12월 당 청소년사업부 부장으로 승진했
다. 한때 좌천되기는 했지만 김정일 위원장이 "그래도 장성택 밖에 없다"고
말할 정도로 두터운 신임을 받았던 것으로 전해진다. 특히 장성택은 1980년
후반 광복거리와 5·1경기장 건설에서 중앙지휘부 성원으로 활약해 노력영
웅 칭호까지 받을 정도로 저돌적인 조직력과 추진력을 가진 것으로 평가받았

다고 한다.

그는 1989년 당 중앙위원회 후보위원이 되었고, 1992년에는 중앙위원이 되었다. 제8, 제9기 최고인민회의 대의원을 역임했고 1998년 7월 26일 실시된 10기 최고인민회의 대의원에도 선출됐다. 1992년 4월 김일성 주석 생일 80주기에는 김일성훈장을 받기까지 했다.

장성택이 출세가도를 달린 것은 그가 김일성 주석의 유일한 사위이자, 김정일 위원장의 처남이라는 후광 때문이기도 했지만, 장성택의 개인적 능력과 자질이 뒷받침됐기 때문이기도 했다. 장성택은 북의 전후세대 중 손꼽히는 수재란 평판을 듣기도 했다고 한다.

그의 부친은 장용환으로 전 함경북도 인민위원회 부위원장을 지냈고, 숙부는 장정환으로 인민무력부 부부장을 지낸 바 있다. 장성택의 큰형인 장성우는 군 출신으로 군단장과 노동당 부장을 거쳐 차수까지 승진한 후 2009년 8월 사망했다. 동생 장성길도 군 출신으로 장성길은 5군단 정치위원(인민군 중장)과 류경수105탱크사단장을 역임한 후 2006년 7월 사망했다.

2004년부터 2년 간 '혁명화' 과정 거쳐

노동당의 핵심부서인 조직지도부 제1부부장으로 외부에서 '사실상의 2인자'라는 평가를 듣던 장성택은 2004년 초 '권력욕에 의한 분파행위'라는 이유로 해임되는 시련을 겪기도 했다. 특히 '분파행위'로 비판받은 것은 2003년경 박봉주 당시 내각 총리가 평양시 광복거리 건설공사에 자재를 우선 공급하라고 지시했을 때 담당자들이 '장성택 부부장의 승인이 있어야 한다'고 보고한 게 직접적인 계기가 됐다고 한다. 장성택은 직위에서 해임된 뒤 김일성고급당학교에서 자기비판을 하며 '혁명화' 과정을 거친 것으로 전해진다.

2006년 1월 당 중앙위 제1부부장으로 복귀한 그는 다음해 12월 당 중앙위 행정부장으로 승진했다. 특히 2009년 4월에는 국방위원회 위원으로, 다음해에는 국방위원회 부위원장과 당 정치국 후보위원 겸 당 중앙군사위 위원으로 선출됐다. 그리고 마침내 2012년 4월 김정은시대의 출범과 함께 당 정치국 위원의 자리에까지 올랐다.

북 2세대의 퇴진을 의미

그러나 2012년 말부터 노동당의 정책결정과정에서 소외되기 시작했고, 공식행사에서 보인 그의 태도가 문제가 있다는 이야기가 흘러나왔다. 일부 대북소식통들은 "김정은 제1위원장 취임이후에도 장성택이 사석에서 김 제1위원장의 이름을 부르는 등 북에서 용납하기 어려운 행동을 보였다"라고 말했다.

남쪽의 정보당국은 "김정은 제1위원장이 기관들 사이의 이권 갈등 및 장성택 측근들의 월권(越權) 문제에 대한 조정을 지시했지만 거부되자, 유일 영도 체제 위배로 결론을 내려 숙청했다"라고 파악하고 있다.

김정은시대에 들어와 '당의 유일적 영도체계' 확립이 우선적으로 강조되는 분위기에서 장성택이 왜 이러한 행동을 보였는지는 여전히 미스터리로 남아 있다. 결국 2013년 12월 8일 당 정치국 확대회의를 마치고 체포돼 12월 12일 특별재판에서 사형선고를 받고 형장의 이슬로 사라졌다. 그의 죽음은 사실상 북의 2세대가 권력의 중심에서 완전히 퇴진하고 제3~4세대가 북 정치의 새로운 중심으로 등장하고 있다는 사실을 상징적으로 보여주는 사건이다. ✿

5.

___

장성택 숙청이후,
간부들의 관료주의와 부정부패 척결은 가능할까?

"민심을 떠난 일심단결이란 있을 수 없다"
구조적인 관료주의와 간부의 부정부패에 경고

1990년대 극심한 경제난을 겪으면서 북 간부들의 부정부패도 덩달아 늘었다.
김정은시대에 들어와 북은 만연한 부정부패를 더 이상 방치할 수 없는 단계에
도달했다고 판단한 듯하다. 김정은 제1위원장은 2002년 공식 취임이후
지속적으로 민심을 강조하며 간부들의 귀족화, 관료주의에 대해 강도 높게 비판해 왔다.
장성택 숙청이 이러한 흐름에 어떤 영향을 줄지 주목된다.

세계적 추세에 따른 사회 변화 추구

2012년 4월 공식 취임 후 김정은 제1위원장은 경제와 인민생활문제를 원만히 해결하고, '사회주의강성국가'를 건설하기 위해서는 '결정적 전환'과 '혁명적 전환'을 일으켜야 한다는 점을 여러 차례 강조했다. 특히 김 제1위원장은 사회 각 분야의 '근본적 전환'을 위해 '민생 행보'를 강화하면서 노동당의 유일적 영도체계를 확립하고, 관료들의 관료화, 귀족화를 질타하며 세계적 추세에 맞는 사회 변화를 추진한 것으로 평가된다.

2012년 11월 15일 새로 제정한 어머니날(11월16일)을 앞두고 평양 4·25문화회관에서 제4차 전국어머니대회가 열렸다. 김정은 제1위원장은 모든 대회 참가자들과 기념사진을 찍었다. 4월 국방위원회 제1위원장과 노동당 제1비서에 공식 취임한 후 소년단부터 시작한 김정은 제1위원장의 대중적 기반 다지기가 마무리된 것이다.

'소년단'에서 '어머니대회'까지

김 제1위원장은 2012년 6월 6일 창립 66돌을 맞는 조선소년단 창립 경축 행사(6월 3~8일)를 위해 2만 명의 소년단원(9살~13살)들을 평양으로 초청했고, '전승절'(7월 27일 정전협정일) 행사에는 전국의 전쟁노병 대표들을 평양으로 대거 초청해 기념촬영을 했다. 또한 청년절 행사도 전국의 청년 대표들을 평양에 초청한 가운데 평양에서 8월 25~30일 일정으로 진행했고, 10월 31일에는 군대 내 청년동맹 초급간부대회를 10년 만에 개최했다. 김 제1위원장 취임 첫 해에 소년, 전쟁노병, 청년, 어머니 대표들을 평양에 초청해 '인민과 함께 하는 최고지도자상'을 뿌리내린 것이다. 김정일 위원장 때와는 달리 김

| 2012년 6월 소년단 창립 66돌에 참석한 김정은 제1위원장이 박수를 치며 환호하는 참가학생들에게 답례하고 있다(왼쪽). 김정은 제1위원장은 2012년 5월 19일 리설주 부인과 함께 평안북도 묘향산 기슭에 있는 묘향산등산소년단야영소를 현지지도한 후 야영 학생들과 기념촬영을 했다. 김 제1위원장은 2012년 4월 공식 취임후 민생 중심의 리더십을 선보였다(오른쪽).

일성 주석의 스타일을 따르며 대중친화적이고 공개적인 행보를 강화하고 있다는 평가다.

특히 이같은 김 제1위원장의 대중적 행보가 인민을 위해 복무하지 않는 간부들에 대한 질책과 함께 이뤄지고 있다는 점에서 주목된다. 4월 15일 첫 연설에서 "간부들은 신발창이 닳도록 뛰고 또 뛰는 것을 체질화해야 한다"고 강조한 김 제1위원장은 이후에도 지속적으로 "인민들에 대한 복무정신을 똑바로 간직하도록 경종을 울려야 하겠다"며 "민심을 소홀히 하거나 외면하는 현상들과 강한 투쟁"을 거론했다.

'선 편리성, 후 미학성'

주민의 편의도 부쩍 강조되고 있다. 김 제1위원장이 2012년 초 '선 편리성, 후 미학성'을 언급한 후 북의 언론매체들은 이 용어를 "인민의 복리증진을 위해 내세운 최고원칙"이라고 선전하고 있다. 실제로 북의 언론매체들은 2012년 11월 초 김 제1위원장이 평양시 동평양지구에 건설돼 준공을 앞둔 류경원(대중목욕탕)과 야외빙상장, 로라스케이트장(인라인스케이트장) 등을 간부들과 시찰하면서 주민들이 편리하게 이용해야 한다며 사소한 부분까지 꼼꼼히 점검한 사실을 대대적으로 부각시켰다. 인민의 편의가 우선이라는 내용의 새로운 시대어를 내놓고 김정은 제1위원장의 경제분야 현지지도를 '애민정치'로 규정하면서 '인민의 이익을 가장 우선시하는 지도자'란 이미지를 부각시키고 있는 셈이다.

당과 국가기구 운영의 정상화

북의 정치, 경제, 사회, 문화 등 거의 모든 분야에서도 새로운 바람이 불고 있다. 2011년 12월 김정일 국방위원장의 사망이후 100일간의 추모기간을 거친 뒤 북은 신속하게 김정은체제를 출범시켰다. 4월 11일 북은 4차 당대표자회를 개최하고 김정은 당중앙군사위원회 부위원장을 당 제1비서 겸 정치국 상무위원, 당중앙군사위원장으로 추대하고, 이틀 뒤 최고인민회의 12기 5차 회의를 열어 김정은 제1비서를 국방위원회 제1위원장으로 선출했다. 이보다 앞서 지난해 12월 29일 김정은 제1위원장을 인민군 최고사령관에 추대됐다. 이로써 북에는 2인(김일성 주석·김정일 국방위원장)의 '영원한 국가수반'이 존재하고, 당과 국가의 실질적인 수반은 당 제1비서와 국방위원회 제1위원장이 맡는 당·국가의 틀이 마련했다.

그리고 4월 15일 김정은 제1위원장은 김일성 주석 100회 생일(태양절)을 맞아 김일성광장에서 열린 군 열병식에서 첫 공개연설을 함으로써 '김정은 시대'의 공식 개막을 대내외에 알렸다. 신속하게 권력승계를 마무리 한 김정은은 정치적 리더십 확보뿐 아니라 고위간부들의 재편과 단합을 이끌면서 당·정·군을 확고하게 장악한 것으로 파악된다. 김정은체제의 성립은 북 2세대의 지원 아래 3세대가 당·정·군 핵심세력으로 부상하고 있음을 상징적으로 보여준다. 이것은 단순히 세대교체만을 의미하는 것이 아니라 북의 대내외노선에 새로운 변화가 시작될 것이라는 점을 시사하기도 한다.

실제로 김정은 제1위원장은 2012년 4월 공식 취임후 '파격적 행보'를 통해 새로운 리더십의 가능성을 보여줬다. 우선 당대표자회 개최, 두 차례 최고인민회의 개최 등을 통해 김정일시대에 '비상체제'로 운영되던 당과 국가기구의 운영을 정상화했다. 특히 당의 최고의사결정기관인 정치국 회의를 정례적으로 열고, 필요에 따라 정치국 확대회의를 개최하고 있다. 북은 2012년 7월 정치국 회의를 열어 리영호 총참모장에 대한 해임을 결정했고, 11월 4일에는 노동당 중앙위원회 정치국 확대회의를 개최해 국가체육지도위원회 설치를 결정했다. 당의 영도성과 지도성을 높여나가고 있는 것이다. 그리고 새로운 경제노선 추진을 위해 김 제1위원장은 '국가의 계획적이며 통일적인 지도'의 필요성을 강조하며 경제사업을 내각이 확고하게 책임지도록 했다.

4월 15일 김일성의 탄생 100주년 기념 열병식에서는 예상을 깨고 20여분 공개연설을 했고, 현지지도 때는 병사들, 노동자, 어린이들과 팔짱을 끼고 스스럼없이 사진을 찍는 장면을 보여줬다. 부인 리설주를 공개적으로 현지지도에 동행해 국내외적으로 비상한 관심을 불러일으키기도 했다.

지식경제시대에 맞는 사회 개편 주문

정책노선 측면에서도 김정은 제1위원장은 2009년 12월 김정일 위원장이 남긴 "자기 땅에 발을 붙이고 눈은 세계를 보라"는 '친필 명제'를 계승해 '세계적 추세'라는 표현을 빈번하게 사용하면서 내부 개혁과 대외개방을 시도하고 있다.

김 제1위원장은 김일성·김정일시대와 차별화 하는 비전으로 '새 세기 산업혁명'을 제시했다. 북은 2013년 신년 공동사설에서 새 세기 산업혁명에 대해 "최첨단 돌파전으로 우리 식의 지식경제강국을 일떠세우기 위한 성스러운 투쟁이며, 우리 당이 내세운 사회주의건설의 웅대한 전략적 노선"이라고 규정했다. '자주'와 '선군'을 계승하면서도 김정은시대의 핵심어로 '지식경제'를 표방한 것이다.

김 제1위원장은 4월 6일 담화에서 "선군시대 경제건설노선의 요구대로 국방공업발전에 선차적인 힘을 넣어 나라의 군사력을 백방으로 강화하여야 합니다"라며 큰 틀에서 김정일 국방위원장의 경제노선을 계승할 것으로 표방했다. 동시에 그는 "강성국가 건설과 인민생활 향상을 총적 목표"로 제시하며 '변화'를 주문했다. 그는 "우리 앞에는 나라의 경제를 지식의 힘으로 장성하는 경제로 일신시켜야 할 시대적 과업"이 있다며 "지식경제시대의 요구에 맞는 경제구조를 완비"할 것을 지시했다. 선군경제노선을 계승하면서도 '세계적 추세'에 맞게 대외개방을 하고, 지식경제시대에 맞는 새로운 경제관리 체계를 마련하겠다는 것이다.

실제로 북은 시대의 발전과 대외환경의 변화, 3~4세대의 등장으로 새로운 사고와 구상을 요구받고 있다. 그런 점에서 휴대전화 보급대수 250만대 돌파로 상징되는 '통신혁명', 대형 슈퍼마켓과 전문 상점의 등장으로 상징되는 '유통혁명'은 김 제1위원장을 중심으로 하는 북의 3세대가 변화된 환경과 시대적 요구에 부응하려는 새로운 시도인 셈이다. 더구나 1990년대 후반 북한의 3~4세대들은 '고난의 행군'이라는 혹독한 경제난을 경험한 만큼 경제부흥에 대한 열망 또한 크다고 할 수 있다. 내각 상급(장관급) 인사들의 교체가 활발한 것도 젊은 경제관료의 부상을 뜻하며 경제관리개선의 필요성에 따른 전문성과 능력이 고려되고 있음을 의미한다. 2012년 9월 제6차 최고인민회의에서 교육연한을 1년 연장하는 교육개혁 조치를 의결한 것도 '지식경제강국' 건설을 위한 인재양성에 있는 것으로 보인다.

민심을 소홀히 하는 현상 비판

특히 지속적으로 강조되고 있는 '인민대중제일주의'가 얼마나 뿌리내릴 수 있을 지가 주목된다. 2012년 4월 6일 당시 김정은 당중앙군사위원회 부위원장은 당중앙위원회 책임일군(당중앙위원회 비서 및 부장급 간부)들과 만나 담화를 나눴다. 김정은 부위원장을 당 제1비서로 추대하는 당대표자회를 5일 앞둔 시점이었다. 이날 김정은 제1위원장은 "민심을 떠난 일심단결이란 있을 수 없습니다"라며 "민심을 소홀히 하거나 외면하는 현상들과 강한 투쟁을 벌려야 합니다"라고 강조했다. 민심을 최우선으로 하는 정책을 펼치겠다는 선언이자 '인민을 위하지 않는 일군(간부)'에 대한 강력한 경고였다.

'일꾼과 인민' 관계 전환 모색

김정은 제1위원장의 이 같은 발언은 구도경고로 끝나지 않았다. 2012년 5월 초 김정은 제1위원장은 평양의 놀이공원인 만경대유희장을 현지지도하면서 작심한 듯 관리일꾼들의 잘못을 조목조목 지적했다. 5월 9일 《로동신문》 등 북의 언론보도에 따르면 김정은 제1위원장은 직접 보도블록 사이에 난 잡초를 뽑은 후 "만경대유희장은 인민들이 이용하는 곳인데 이렇게 방심해 두고도 양심의 가책을 받지 않고 가슴 아파하지 않는 일꾼, 인민들을 귀하게 여

| 김정은 제1위원장이 2012년 5월 초 만경대유희장을 현지지도하면서 보도블록 사이에 난 잡초를 직접 뽑고 있다. 이날 김 제1위원장의 관리일꾼들의 복무자세에 대해 강하게 질책했다.

길 줄 모르는 일꾼들이 천만명이 있은들 무슨 필요가 있는가"라고 질타한 후 "이 기회에 (일꾼들의) 인민들에 대한 복무정신을 똑바로 간직하도록 경종을 울려야 하겠다"고 말했다.

북 언론매체들은 이날 화난 표정으로 발언하는 김 제1위원장의 사진과 함께 그의 발언내용을 상세히 보도했다. 대단히 이례적일 일이었다. 북 매체들은 김정일 국방위원장 시절에 김 위원장의 질책내용을 공개한 적이 거의 없기 때문이다.

김정은 제1위원장의 이같은 발언과 행보는 고질화된 간부의 부정부패, 관료화·귀족화된 간부들의 행태를 그대로 방치하지 않겠다는 강력한 의지를 보인 것이다. 모든 간부들이 "일군(일꾼)을 위하여 인민이 있는 것이 아니라 인민을 위하여 일군(일꾼)이 있다"는 사상관점을 가지고 "낡은 사상관점과 뒤떨어진 사업기풍, 일본새(작업태도)와 단호히 결별"할 것을 주문한 것이다.

조선노동당 기관지 《로동신문》도 사설을 통해 "만경대유희장에 대한 현지 지도는 우리 일꾼들 속에 남아있는 낡은 사상관점, 낡은 일본새에 종지부를 찍고 모든 일꾼들이 인민의 복무자로서의 숭고한 사명과 본분을 훌륭히 수행해나가도록 하는데서 전환적 계기로 된다"라고 강조하면서 간부들이 '특전과 특혜'를 바라서는 안 된다는 점을 지적했다. 아무리 좋은 목표를 내걸어도 간부가 대중의 신뢰를 받지 못한다면 집단의 동력은 상실된다는 점도 강조됐다.

간부의 '귀족주의' '형식주의', '책상주의' 비판

여기서 한 걸음 더 나아가 6월 2일 《로동신문》은 정론을 통해 "지금은 밖에서 밀려오는 적이 무서운 게 아니라 사회주의 요람 속에서 성장한 일꾼(간부)의 관료화, 귀족화가 문제"라고 비판했다.

"인민들의 편의를 최우선, 절대적으로 보장하기 위한 사업은 몇 번이나 조직하였고 인민에게 기쁨을 줄 사업은 몇 건이나 착상하였는가. 언제나 인민을 존중하고 인민의 비판을 달게 받아들이고있는가. 인민들 속에서 선발된 인민의 대표임을 잊고 순간이라도 대우에 습관되고 인민들을 깔보며 호령하지는 않는가. …강력한 국력이 있어 내 조국이 끄떡없는 지금과 같은 때에는 밖에서 밀려오는 대적이 무서운 것이 아니라 사회주의 요람 속에 성장한 일군들 속에서 있을 수 있는 관료화, 귀족화이다."

'형식주의자', '책상주의자', '기술실무주의자' 등도 주요 비판의 대상으로 거론됐다. 간부들의 문제점을 그대로 드러낸 것이다. 민심과 관리들의 기장 확립을 강조하는 김 제1위원장의 발언들은 구체적인 조치로 이어졌다. 한 사례로 북은 시장에서 장사할 수 있는 연령을 50세에서 40세로 낮췄고, 주민들에게 관행적으로 부과되던 각종 세외부담금을 대폭 없앴다.

2013년 3월 당중앙위원회 전원회의에서 '경제건설과 혁명무력 건설 병진 노선'이 채택된 후에는 더욱 간부의 역할이 강조되고 있다. 북의 언론매체들은 "새로운 병진로선을 높이 받들고 나라의 경제건설과 인민생활향상에서 전환을 일으키자면 책임일군들이 발이 닳도록 뛰여야 한다"는 점을 자주 거론하고 있다.

간부의 솔선수범 강조

또한 고위간부들이 먼저 경제현장을 직접 찾아 솔선수범을 하는 모습을 보이고 있다. 김정은 제1위원장은 2012년 주로 평양에 집중했던 현지지도에서 벗어나 2013년에 들어와서는 각 지방을 돌며 경제현장을 직접 챙기는 모습을 보여주고 있고, 박봉주 내각 총리와 군을 대표하는 최용해 인민군 총정

| 2013년 4월 23일 신임 박봉주 내각총리가 황해남도의 한 협동농장을 방문해 농사실태를 현지에서 요해(파악)하고 있다. 6년만에 총리직에 복귀한 박봉주 총리는 김정은시대의 경제개혁을 주도하고 있다.

치국장도 공장과 기업소, 협동농장을 부지런히 '현지요해'(시찰)를 다니고 있다. 과거 주로 대외활동에만 주력해온 85세의 김영남 상임위원장까지 경제현장을 단독으로 방문하기 시작했다. 북 지도부의 공식서열 1~4위가 모두 단독으로 현장 시찰에 나선 셈이다.

본보기가 될만한 간부들의 활동 사례도 언론매체를 통해 자주 소개되기 시작했다. 2013년 6월에는 박태덕 황해북도 당위원회 책임비서가 모내기철에 협동농장을 자주 찾았다고 칭찬하는 등 간부들이 '농업전선'에서 활약한 사례가 소개됐다. 간부가 현장에서 솔선수범함으로써 노동자들의 근로 의지를 유도해 경제적 성과를 내고 주민과 접촉을 강화함으로써 대중의 지지도를 높이려는 의도라고 볼 수 있다.

중간간부들 중에서는 황해북도 연탄군당 리항걸 책임비서의 사례가 《근로자》와 《로동신문》 등에 소개됐다. 2013년 5월 15일 《로동신문》은 "당의 의도대로 책임일군들이 발이 닳도록 뛰자면 어떻게 해야 하는가"라며 리항걸 책임비서의 활동을 모범사례로 상당한 지면을 할애해 소개했다.

리항걸 책임비서를 모범사례로 소개

이 기사에 따르면 7년 전 연탄군당 책임비서에 임명된 리항걸이 가장 먼저 느낀 것은 '일꾼들의 인민에 대한 관점'이었다. 그는 "인민들이 생활상 불편을 느끼는 것을 보면서도 아무런 가책도 받지 않는 무관심성, 무엇을 새롭게 하자고 하면 '경험'을 꺼들며 새것을 보지 못하는 경직된 관념, 애써 노력하면 제힘으로 할 수 있는 일조차도 애당초 해보려고 하지 않고 주저앉는 패배주의, 바로 여기에 문제가 있다"고 판단하고 "무엇이 불가능하다고 말하기 전에 먼저 발이 닳도록 뛰자"는 결론에 도달했다고 한다.

이를 위해 그는 두 가지 문제를 중시했다고 한다. 하나는 책임비서 자신이 "생눈길을 헤치며 대오의 앞장에서 발이 닳도록 뛰어야 한다"는 것이다. 책임일군이 발이 닳도록 뛰면 아래일꾼들도 자연히 발이 닳도록 뛰게 될 것이기 때문이었다. 다른 하나는 목표가 뚜렷하고 일감이 많아야 누구나 발이 닳도록 뛸 수 있다는 것이었다. 이러한 자세로 그는 군당위원회의 다른 간부들의 반대를 뿌리치고, 식료공장.종이공장.화학일용품공장.버섯공장.가구생산협동조합의 낡고 실리에 맞지 않는 건물들과 생산공정들을 통 채로 들어내고 개건하는 사업을 비롯해 인민생활과 관련된 50여 개 대상건설을 한꺼번에 건설하는 사업을 진행해 불과 6개월 남짓한 기간에 모두 끝냈다.

간부가 먼저 뛰어야 인민성도 높아지고, 스스로 실력 있는 간부가 될 수 있으며, 대중 속을 뛰어 다녀야 필요한 인재도 찾을 수 있다는 것이 이 기사의 결론이다. 재정과 물자가 부족한 상황에서도 '패배주의'와 '책상주의'에 물들지 않고 간부가 솔선수범하면 대중이 따르게 되고, 이렇게 되면 자력갱생으로 목표를 달성할 수 있다는 것이다.

《로동신문》은 리항걸 책임비서의 실천사례를 통해 '제힘으로 할 수 있는 일조차도 애당초 해보려고 하지 않고 주저앉는' 패배주의와 '입이 닳도록 말하기를 즐기는' 책상주의자를 비판하며 '대중과 함께 실천하는 간부'의 모습을 부각시켰다. 그러나 역으로 리항걸 책임비서의 사례는 그만큼 북한의 간부들 사이에 '패배주의'와 '책상주의'가 만연돼 있다는 사실을 보여준다.

현지지도 때 지방 간부들의 사업태도 비판

이것은 2013년 6월 중순 김정은 제1위원장이 자강도에 있는 1월18일기계종합공장을 현지지도하면서 간부를 질책한 사례에서도 잘 드러난다. 이 공장을 방문한 김 제1위원장은 공장일꾼들이 '기술실무주의'에 빠져 '노동자들의 정신력을 발동' 시키지 못하고 있다고 지적하고, 이로 인해 생산을 늘리지 못하는 결과가 초래된 것이라고 질책하며 간부들의 사업방식과 사업태도의 혁신을 강조했다.

김 제1위원장은 먼저 "혁명사적 교양실이 아직도 구내에 골조만 서 있는 건물로 남은 채 2년이 넘도록 건설을 끝내지 못한" 것을 두고 "어렵고 방대한 공사도 아닌 2층짜리 건물을 2년 동안이나 완공하지 못하고 있는 이 공장 일꾼들의 심장에 위대한 대원수님들의 영도업적을 고수하고 빛내이려는 자각이 바로 서있는 것 같지 않다"고 지적했다. 북한의 언론매체들은 김 제1위원장이 "혁명사적 교양실 건설현장에 들러 여기저기 쌓여있는 골재더미와 블럭들을 한동안 바라보다가 한심하다고, 말이 나오지 않는다고 안타까워했다"는 내용까지 적나라하게 공개했다.

김 제1위원장은 "당에서는 생산에 앞서 생산자 대중의 열의를 높여주기 위한 사상교양 사업을 첫 자리에 놓는 것이 중요하다고 강조하고 있는데 이 공장 당위원회에서는 당의 방침을 사상적으로 접수하지 않았다"라고 결론을 내렸다. 당연히 현지지도 후에 이 공장의 주요 당간부들은 인사조치 됐을 가능성이 크다.

단기간에 해결될 사안 아니다

문제는 "지난 시기 나라의 기계제작 공업발전에 적극 이바지해 온 역사가 있는" 이 공장의 간부들조차 김정일 국방위원장이 2011년 현지지도하면서 과업으로 지시한 '혁명사적교양실'을 2년 동안이나 완공하지 못했고, 생산계획 목표도 달성하지 못했다는 점이다.

사실 김정은 제1위원장이 2012년 공식 취임한 후 "수령님식, 장군님식 인민관을 지니고 인민을 위하여 발이 닳도록 뛰고 또 뛰며 낡은 사고방식과 틀에서 벗어나 모든 사업을 끊임없이 혁신하고 대중을 불러일으켜 대오의 진격로를 열어나가는 일군이 바로 오늘 우리 당이 요구하는 참된 일군"이라며 김정은시대의 '간부상(像)'을 제시하며 여러 차례 질책도 했지만 간부들의 변화는 단기간에 이뤄질 수 있는 일이 아니다.

특히 1990년대에 들어와 사회주의권의 붕괴, 최악의 경제난을 겪은 '고난의 행군', 제대로 생활비를 보장하지 못하는 재정난, 비공식적인 시장영역의 확대 등은 간부들의 부정부패를 구조화시켰고, 간부들의 관료화 및 귀족화와 패배주의를 만연시켰다. 이러한 근본적인 조건이 개선되지 않고서는 '간부혁신'에 성공하기는 어려울 것이다.

부정부패 차단, 세대교체 단행

북한은 김정은 제1위원장이 후계자로 활동하기 시작한 2009년부터 '간부혁신'을 위해 여러 조치를 단행한 바 있다. 첫째, 간부들에 대한 강도 높은 검열과 인사조치를 실시했다. 중국의 한 대북소식통은 "북한은 권력 변동 및 교체기에 대대적인 검열을 단행한 바 있는데, 김정은 후계자 등장이후에도 강도 높은 검열이 이뤄졌다"며 "해외 파견 간부의 경우 해외체류 전 기간의 활동내역에 대해 검열이 진행됐고, 각 부서 간부의 경우 재직기간 전반에 대해 강도 높은 검열이 이뤄져 상식선을 벗어난 횡령과 부정부패가 적발된 간부는 모두 인사조치됐다"라고 말했다.

둘째, 2010년 9월 당대표자회 개최를 전후해 노동당과 내각, 군부에 대한 대대적인 인사이동과 세대교체를 단행했다. 노동당의 경우 당 중앙위원들이 새롭게 선출됐고, 각 도 및 직할시당 책임비서가 전면 교체됐다. 이후 중앙 및 지방의 중하급 간부를 전면적으로 교체해 젊은 30~40대를 등용하는 등 간부 세대교체도 동시에 진행됐다. 군부의 경우 군단장들이 40대의 젊은층으로 교체된 것으로 전해진다. 특히 2012년 공식취임 이후 김정은 제1위원장은 현지지도 때 50대 전후의 비교적 젊은 당과 군 간부들을 주로 대동하고 있다.

셋째, 구조적 또는 관행적으로 부정부패가 발생할 수 있는 소지를 원천적으로 봉쇄할 수 있는 조치들을 도입하고 있다. 당과 군의 독자적으로 운영하던 무역회사들을 내각으로 이관해 국가 재정의 통합을 추진하고 있고, 각 부서나 개인이 관리하고 있던 외화를 반드시 은행계좌에 입금해 사용하도록 해 개인 유용 가능성을 차단했으며, 당과 정부 및 군의 고위간부들의 공금사용 투명성을 높이기 위해 카드 사용('나래' 카드 지급)을 권장하고 있다.

이같은 조치들이 얼마나 실효성이 있을 지는 좀더 지켜봐야 할 것이다. 다만 김정은체제가 안정화되면 될수록 향후 김정은 제1위원장이 강조하는 '지식경제시대'에 맞고, '세계적 추세'를 정확히 파악하고 있는 젊은 간부층이 부상할 가능성이 클 것으로 예상된다.

1974년 김정일 국방위원장이 후계자로 확정된 후 '혁명2세대'에 속하는 리길송 당시 함경남도 당책임비서는 《근로자》에 기고한 글에서 김정일시대의 간부상에 대해 이렇게 지적했다.

"지난날 항일혁명투쟁시기에는 총을 잘 쏘고 적들과의 싸움에서 용감한 사람이 혁명에 충실한 사람으로 되었다면 우리 당이 정권을 잡고 사회주의를 건설하고 있는 오늘의 현실에서는 높은 정치실무적 자질을 가지고 대중의 앞장에 서서 그들을 능숙하게 이끌어나가는 사람이 위대한 수령님과 영광스러운 당에 끝없이 충직한 주체형의 혁명가로 될 수 있다."

그러나 새로운 국제환경 속에서 3~4세대가 권력의 중심으로 떠오른 김정은시대는 1970년대와는 달리 내부 체제개선과 대외개방에 적극적이고, 국제적 마인드를 가진 새로운 간부를 요구하고 있다. "신발창이 닳도록 뛰고 또 뛰는 것을 체질화해야 한다"라며 2012년부터 간부혁신을 화두로 내세운 북이 20년 간 간부층에 고질화된 '관료주의', '귀족주의', '패배주의', '형식주의', '책상주의'를 어느 정도 깰 수 있을지 주목된다.

"인민들이 리용하는 모든 것, 인민을 위해 필요한 일들을 방임해 두는 자그마한 일을 두고서도 온 나라에 인민존중의 경종을 올리시였고, 세도와 관료주의와 같은 그 어떤 독초도 뿌리채 뽑아버리도록 하시였다.…모든 일군들은 우리 조국을 하루빨리 천하제일강국, 인민의 락원으로 일떠세우시려는 경애하는 김정은 원수님의 전투적 호소에 결사의 실천으로 화답하며 인민을 위한 좋은 일을 한가지라도 더 찾아하는 실천력이 강한 인민의 충복이 되어할 할 것이다."

2013년 8월 1일에 발간된 조선노동당 이론지 《근로자》에 리룡하 제1부부장이 쓴 글의 일부이다. 그가 체포돼 '반당반혁명행위'로 숙청되기 3개월 전이다. '세도와 관료주의' 척결을 언급했던 그가 '세도' 혐의로 체포돼 사형당한 것은 대단히 역설적인 상황이면서도 그 만큼 만연돼 있는 간부의 부정을 해결하는 것이 북의 얼마나 커다란 숙제임을 잘 보여준다.

일단 '일벌백계(一罰百戒) 차원에서 장성택의 부정부패를 상세하게 거론하고 사형까지 집행했다는 점에서 그 강도를 짐작할 수 있게 한다. ✿

김정은 노동당 제1비서가 조선로동당 제4차 세포비서대회에서 한 연설

대회보고와 토론들을 통하여 지난 시기 당세포사업에서 이룩된 성과와 경험, 결함들이 옳게 총화되었다고 보면서 우리 당과 혁명발전의 요구에 맞게 당세포의 기능과 역할을 결정적으로 높이는데서 나서는 몇가지 문제에 대하여 말하려고 합니다.

동지들!

오늘 우리 혁명은 새로운 전환적국면을 맞이하였습니다.

우리 당과 군대와 인민은 위대한 수령님과 장군님의 불멸의 태양기아래 더욱 굳게 단결되였으며 수령님과 장군님의 유훈을 지켜 자주의 길, 선군의 길, 사회주의길을 따라 곧바로 전진하고있습니다.

어려운 시련과 난관속에서도 장군님께서 물려주신 귀중한 혁명유산들을 굳건히 지켜내고 더욱 빛내임으로써 우리는 보다 큰 승리를 쟁취할수 있는 강력한 밑천과 열쇠를 자기 손에 확고히 틀어쥐게 되었습니다.

특히 지난해에 인공지구위성 《광명성-3》호 2호기를 성과적으로 발사한 것은 백두산대국의 무진막강한 국력을 만방에 과시한 력사적장거이며 우리 공화국을 압살하기 위하여 악랄하게 책동하는 적대세력들에게 철추를 내린 특대사변이였습니다.

이제는 우리가 제국주의자들과의 대결에서 주도권을 더욱 확고히 틀어쥐게 되였으며 경제강국건설과 인민생활에서 전환을 일으키는것은 시간문제로 되였습니다.

우리는 우주를 정복한 그 정신,그 기백으로 경제건설과 인민생활에서 결정적전환을 이룩하고 사회주의강성국가의 령마루에 승리의 붉은기를 휘날려야 합니다.

우리가 강성국가건설을 힘있게 밀고나가자면 혁명의 참모부이며 향도적력량인 당을 조직사상적으로 더욱 강화하고 전체 인민을 당의 두리에 굳게 묶어세워 당정책관철에로 힘있게 조직동원하여야 합니다.

전당이 하나의 사상의지로 굳게 뭉치고 당과 인민이 혼연일체가 되여 혁명과 건설을 밀고나가는것은 위대한 김 일 성,김 정 일동지당의 본성이며 전통적인 혁명방식입니다.

위대한 수령님과 장군님께서는 우리 당을 유일사상체계, 유일적령도체계가 확고히 서고 인민대중속에 깊이 뿌리박은 불패의 당으로 강화발전시키시였으며 당의 두리에 철통같이 뭉친 인민대중의 혁명적열의와 창조적힘에 의거하여 룡성번영하는 사회주의강국을 일떠세우시였습니다.

승리와 영광만을 아로새겨온 우리 당의 붉은 기폭과 이 땅우에 마련된 사회주의전취물들마다에는 수령은 당원들과 인민들을 믿고 당원들과 인민들은 수령을 절대적으로 신뢰하며 충정으로 받들어온 일심단결의 자랑스러운 력사가 깃들어있습니다.

우리는 위대한 수령님과 장군님께서 이룩하신 불멸의 당건설업적을 만년재보로 틀어쥐고 우리 당을 하나의 사상의지로 굳게 단결되고 인민대중속에 깊이 뿌리박은 위력한 전투적참모부로 더욱 강화발전시키며 당과 인민의 혼연일체의 위력으로 이 땅우에 온 세계가 우러러보는 천하제일강국, 인민의 락원을 반드시 일떠세워야 합니다.

주체혁명의 새시대의 요구에 맞게 우리 당을 더욱 강화하고 강성국가건설을 힘있게 다그치는데서 당세포의 위치와 역할이 대단히 중요합니다. 당세포는 당원들의 당생활거점이고 군중속에 뻗어있는 당의 말단신경이며 당정책관철의 척후대입니다. 당세포만 강하면 그 어떤 역경속에서도 당이 흔들리지 않으며 이 세상에 무서울것이 없고 못해낼 일이 없습니다.

당세포를 강화하는것이 전당을 강화하기 위한 첫걸음으로, 기본고리로 되기때문에 당중앙은 조선로동당 제4차 대표자회가 있은 다음 당사업을 개선하기 위한 첫 대회로 세포비서들의 대회를 소집하였으며 이번 대회를 당대회와 당대표자회에 못지 않게 중시하고있습니다.

조선로동당 제4차 세포비서대회가 당의 전투적위력을 백방으로 높이고 강성국가건설을 다그치는데서 결정적전환의 계기로 되게 하자면 대회참가자들을 비롯한 전당의 세포비서들이 당의 의도를 똑똑히 알고 당세포사업을 근본적으로 개선강화해나가야 합니다.

현시기 당세포앞에 나서는 가장 중요한 과업은 당원들을 참다운 김일성 – 김정일주의자로, 우리 당의 진정한 동지, 전우로 준비시키는것입니다. 모든 당원들을 참다운 김일성 – 김정일주의자로 준비시키는것은 우리 당을 영원한 수령님의 당, 장군님의 당으로 강화발전시키고 강성국가건설과 주체혁명의 최후승리를 이룩해나가기 위한 선결조건이며 결정적담보입니다.

김일성 – 김정일주의자란 김일성 – 김정일주의를 확고한 신념으로 삼고 우리 당의 령도따라 주체혁명의 승리를 위하여 모든것을 다 바쳐나가는 수령님과 장군님의 참된 전사, 제자를 말합니다. 당세포들은 당원들을 참다운 김일성 – 김정일주의자로 준비시키는것을 기본으로 틀어쥐고 당조직사상생활지도를 짜고들어야 합니다.

당원들속에서 김일성 – 김정일주의 교양을 실속있게 벌려 그들을 우리 당의 주체사상, 선군사상으로 철저히 무장하고 혁명의 수뇌부결사옹위정신과 사회주의에 대한 투철한 신념, 견결한 반제계급의식을 지닌 열렬한 혁명투사로 튼튼히 준비시켜야 합니다.

우리 당의 첫 당조직인 건설동지사의 열혈투사들은 모든 당원들이 따라배워야 할 귀감입니다. 당세포들은 모든 당원들이 차광수, 김혁동지들을 비롯한 우리 당의 1세대당원들처럼 투철한 신념과 깨끗한 량심으로 당과 수령을 받들며 일심단결의 대를 꿋꿋이 이어나가도록 하기 위한 교양사업을 힘있게 벌려야 합니다.

세포안에 높은 당조직관념에 기초한 자각적인 당생활기풍을 세우고 당원들을 당조직생활의 용광로에서 단련시켜 당과 수령, 조국과 인민에 대한 무한한 충실성과 강한 조직성, 규률성을 지닌 쇠소리나는 혁명가로 키워야 합니다. 당원들을 참다운 김일성 – 김정일주의자로 준비시키는데서 그들에게 인민에 대한 사랑과 헌신적복무정신을 깊이 심어주는데 특별한 주목을 돌려야 합니다.

김일성 – 김정일주의는 본질에 있어서 인민대중제일주의이며 인민을 하늘처럼 숭배하고 인민을 위하여 헌신적으로 복무하는 사람이 바로 참다운 김일성 – 김정일주의자입니다. 위대한 수령님과 장군님을 모시는것처럼 우리 인민을 받들고 인민을 위하여 모든것을 다 바치려는것은 우리 당의 확고한 결심입니다.

《모든것을 인민을 위하여, 모든것을 인민대중에게 의거하여!》라는 구호에는 전당에 인민에 대한 사랑과 믿음의 정신이 꽉 차넘치게 하려는 당의 의지가 담겨져있습니다.

우리 일군들과 당원들은 누구나 다 위대한 수령님과 장군님께서 한평생 걸으신 인민사랑의 길을 우리 당과 함께 꿋꿋이 이어가는 참된 동지, 전우가 되여야 합니다. 당세포에서는 일군들과 당원들에게 수령님과 장군님께서 지니셨던 숭고한 인민관을 깊이 심어주어 그들이 인민을 자기 부모처자처럼 섬기고 사랑하도록 하여야 합니다.

특히 일군들이 소속되여있는 당세포들에서 일군들을 인민의 참된 충복으로 준비시키는것을 중요한 과업으로 틀어쥐고 당생활지도와 장악통제를 강화하여야 합니다.

위대한 수령님께서는 우리 당을 창건하신 첫날부터 일군들속에서 나타나는 세도와 관료주의를 정권을 잡은 로동계급의 당이 가장 경계하여야 할 위험한 독소로 보시고 그를 반대하는 투쟁을 일관하게 벌리도록 하시였습니다.

위대한 장군님께서도 《인민을 위하여 복무함!》이라는 구호를 제시하시고 우리 당을 세도와 관료주의를 부리는 당이 아니라 인민대중에게 충실히 복무하는 어머니당으로 강화발전시키기 위하여 온갖 로고와 심혈을 바치시였습니다.

그런데 당조직들이 당에서 세도와 관료주의를 없앨데 대하여 강조하면 사상투쟁회의를 열고 몇몇 일군들을 처벌하는데 그치고 일군들을 혁명화하기 위한 사업을 근기있게 밀고나가지 못하였습니다.

세도와 관료주의는 단순히 일군들의 성격상문제나 사업작풍상의 문제가 아니라 사상상의 문제입니다. 세도와 관료주의를 부리면 일군들이 군중의 신망을 잃고 정치적생명에 오점을 남기는것으로 그치는것이 아니라 당의 권위가 훼손되고 사회주의의 영상이 흐려지며 종당에는 혁명과 건설을 망쳐먹게 됩니다.

적들이 우리 당과 인민의 일심단결을 허물기 위하여 그 어느때보다도 악랄하게 책동하고있는 오늘 세도군, 관료주의자들이야말로 우리 당이 단호히 쳐야 할 주되는 투쟁대상입니다.

당중앙위원회는 인민대중중심의 사회주의화원에 돋아난 독초와 같은 세도와 관료주의를 벌초만 할것이 아니라 뿌리채 뽑아버리기로 단단히 결심하였습니다. 세도와 관료주의를 반대하는 투쟁은 모든 당조직들과 당원들이 다 떨쳐나서야 할 전당적인 사업입니다.

세도와 관료주의를 없애자면 일군들과 세포비서들이 자신을 혁명적으로 수양하기 위하여 적극 노력하며 중앙당과 도·시·군당, 초급당조직들은 물론 당세포들에서도 세도, 관료주의와의 투쟁을 원칙적으로 강도높이 벌려야 합니다.

사업에서는 직급이 있어도 당생활에서는 높고낮은 당원이 있을수 없으며 당안에서는 이중규률이 허용될수 없습니다. 당세포들에서는 비판과 사상투쟁의 분위기를 강하게 세우고 특히 밑으로부터의 비판을 강화하여 일군들이 세도와 관료주의를 철저히 근절하고 참된 인민의 충복으로 준비해나가도록 동지적으로 도와주어야 합니다.

일군들의 요구성과 관료주의를 정확히 가려보고 세도와 관료주의가 나타날 때에는 그것이 비록 사소한것이라 해도 묵과하지 말고 제때에 투쟁하여야 합니다.

모든 당세포들에서 자기 세포에 소속되지 않은 일군들이 세도와 관료주의를 부리는데 대하여서도 외면하지 말고 적극 투쟁하며 심각한 문제들은 당중앙위원회에 이르기까지 상급당조직에 제때에 보고하여야 합니다.

현시기 당세포앞에 나서는 중요한 과업은 다음으로 군중과의 사업을 잘하여 광범한 군중이 우리 당과 혈연의 정으로 굳건히 이어지게 하는것입니다. 군중은 당이 의거하고있는 대중적지반이며 우리 당이 혁명의 최후승리를 이룩할 때까지 생사운명을 같이하여야 할 영원한 동행자입니다.

당이 군중의 지지와 신뢰를 잃으면 대중적지반을 잃게 되고 자기의 전투적사명을 다할수 없으며 나중에는 존재자체를 유지할수 없게 됩니다.

적들과의 치렬한 대결속에서 사회주의를 지키고 강성국가를 건설하자고 해도 그렇고 조국을 통일하자고 해도 군중과의 사업을 잘하여 민심을 확고히 틀어쥐며 한사람이라도 더 많은 군중을 쟁취하여야 합니다. 광범한 군중을 당의 두리에 굳게 묶어세우는것이 당과 혁명의 운명을 좌우하는 중대한 문제이기때문에 지난해에 위대한 수령님 탄생 100돐과 위대한 장군님 탄생 70돐을 맞으며 대사를 실시하였습니다.

그리고 조선소년단창립 66돐 경축행사에 간부자녀들이 아니라 평범한 로동자, 농민, 군인, 지식인의 자녀들을 기본으로 참가시키도록 하였으며 나라앞에 죄를 지은 사람의 자녀라고 해도 학습과 소년단조직생활에서 모범적인 학생들은 차별하지 말고 대표로 추천하게 하였습니다. 병든 자식, 상처입은 자식을 탓하지 않고 더 마음을 쓰며 사랑과 정으로 품어주고 아픈 상처를 감싸주며 또다시 일으켜 내세워주는 품, 이것이 어머니 우리 당의 품입니다.

우리는 핵무기보다 더 위력한 어머니당의 사랑과 믿음이 낳는 위대한 힘으로 모든 사람들을 사상과 신념의 강자로 키워 당중앙위원회 두리에 천겹만겹의 성새를 쌓아야 합니다.

모든 당세포들은 우리 당의 인덕정치, 광폭정치를 받들어 군중과의 사업을 잘함으로써 사람들이 심심산골에 홀로 있어도 로동당만세를 부르게 하여야 합니다.

그래야 판가리결전의 시기에 모든 사람들이 당과 혁명, 조국을 위하여 사선의 고비도 헤쳐나갈수 있습니다.

당세포가 군중과의 사업을 당의 의도에 맞게 잘하자면 사람들에 대한 평가를 혁명의 리익의 견지에서 바로하여야 합니다. 사람은 감정을 가지고있으며 성격에 따라 자기 감정을 표현하는것도 서로 다릅니다. 당세포에서는 천길물속은 몰라도 한길 사람의 속은 알아야 한다고 하신 장군님의 명언을 지침으로 삼고 사람들의 진속을 똑바로 들여다보고 사람평가를 편견없이 바로 하여야 합니다.

당세포들은 군중교양을 하는데서 집체교양에만 매달리지 말고 개별교양에도 큰 힘을 넣어야 합니다. 당사업, 군중과의 사업은 그 어떤 공식이나 유일처방을 가지고는 할수 없습니다. 각이한 성격을 가진 사람들에 대한 옳바른 교양방법을 연구하고 그것을 실천에 구현하여 한사람이라도 더 많이 당의 지지자로 만들어야 합니다.

설사 당의 사상을 잘 받아들이지 않는 사람이라고 하여도 그저 떼버릴내기만 하여서는 안됩니다. 그렇게 되면 당의 두리에 묶어세울 군중이 점점 줄어들게 될것입니다.

당세포들은 군중에게 당의 사상을 주입할것이 아니라 그들이 스스로 당의 사상을 받아들이도록 품을 들여 인내성있게 교양해야 합니다. 군중을 전취하는데서 사람들에게 믿음을 주는것이 매우 중요합니다. 정치적믿음에는 충정이 따르지만 불신에는 배반이 따르기마련입니다.

사람은 돌부처가 아닌 이상 사업과 생활과정에 과오를 범할수도 있고 용서받기 힘든 죄를 지을수도 있습니다. 설사 엄중한 과오나 죄를 지은 사람이라고 하여도 그에게 99%의 나쁜 점이 있고 단 1%의 좋은 점, 량심이 있다면 우리는 그 량심을 귀중히 여겨야 하며 대담하게 믿고 포섭하여 재생의 길로 이끌어주어야 합니다.

골병이 든 사람, 가슴앓이를 하는 사람일수록 더 뜨겁게 대해주어야 하며 그들의 마음속에 맺혀있는 문제를 풀어주는데 특별한 관심을 돌려야 합니다.

그래야 모든 사람들을 부서져도 흰빛을 잃지 않는 백옥처럼, 불에 타도 곧음을 버리지 않는 참대처럼 그 어떤 역경속에서도 우리 당만을 굳게 믿고 따르는 불사신들로 키울수 있습니다.

우리 당은 모든 당세포들이 광범한 군중을 당과 혈연의 정으로 이어주는 혈맥이 되고 일심단결의 성새를 받드는 성돌이 되기를 기대합니다.

사회주의강성국가건설을 위한 총진군이 힘있게 벌어지고있는 오늘 당세포앞에 나서는 중요한 과업은 당정책관철에로 당원들과 근로자들을 힘있게 조직동원하는것입니다.

우리 인민들에게 사회주의부귀영화를 안겨주시기 위하여 생의 마지막순간까지 초강도강행군길을 정력적으로 이어가신 위대한 장군님의 숭고한 념원을 빛나는 현실로 꽃피우는것은 현시기 우리 당앞에 나서고있는 가장 중요한 혁명임무입니다.

경제강국건설과 인민생활에서 획기적인 전환을 가져오자면 각급 당조직들,특히 당세포들이 당정책관철의 결사대, 척후대로서의 역할을 훌륭히 수행하여야 합니다. 당정책관철에서 맥을 추지 못하는 당세포는 살아있는 당세포라고 말할수 없습니다.

오늘 전당에 당의 유일적령도체계를 더욱 철저히 세울데 대하여 중요하게 강조하고있는데 당의 유일적령도체계가 섰는가 하는것은 바로 당정책관철에서 집중적으로 나타나게 됩니다.

지금 적지 않은 당세포들에서는 당의 방침과 지시를 전달이나 하고 그것을 관철하자고 호소나 하는 식으로 사업하고있습니다. 이렇게 해가지고서는 당에서 아무리 옳은 정책을 내놓아도 그것이 제대로 관철될수 없고 언제 가도 인민생활문제를 풀수 없습니다. 당세포들은 당정책이 인민생활에서 은이 날 때까지 근기있게 관철해나가야 합니다.

지금 우리 일군들이 당의 권위를 보장하자면 책도 많이 써내고 선전도 널리 해야 한다고 하는데 당의 령도적권위는 글이나 말을 통해서가 아니라 당정책을 철저히 관철하여 그 덕을 인민들이 보게 되여야 보장되게 됩니다.

당세포에서는 모든 당원들과 일군들이 자기 뼈를 깎아서라도 인민생활을 높이겠다는 비상한 각오를 가지고 당정책을 현실로 꽃피우는 밑거름이 되도록 하여야 합니다.

당정책관철을 위한 사업을 오분열도식으로 하는 편향을 결정적으로 극복하고 끝장을 볼 때까지 완강하게 내밀어 우리 당정책의 정당성이 인민들의 생활에서 나타나게 하여야 합니다.

당세포가 당정책관철의 결사대, 척후대가 되자면 김 정 일애국주의의 열풍을 일으키기 위한 조직정치사업을 진공적으로 벌려나가야 합니다.

조국을 위하여 한생을 초불처럼 태우신 장군님의 애국주의로 대중의 심장이 세차게 고동칠 때 우리에게는 뚫지 못할 난관, 점령 못할 요새가 없습니다.

당세포들은 당원들과 근로자들이 김정일애국주의를 소중히 간직하고 이 땅의 돌 하나, 풀 한포기도 자기 가슴에 품어안고 더운 피로 뜨겁게 덥혀주며 당의 로선과 정책을 관철하기 위한 투쟁에 온넋과 육신을 깡그리 바쳐나가도록 하여야 합니다.

오늘 우리 당은 혁명의 북소리를 높이 울리던 1970년대의 투쟁정신을 부활시켜 세계를 향하여 나아가는 새로운 시대정신을 창조할것을 요구하고있습니다. 오늘의 시대정신의 창조자는 응당 혁명의 지휘성원이며 선봉투사들인 일군들과 당원들속에서 나와야 합니다.

모든 일군들과 당원들이 위대한 장군님을 따라 로동당시대의 일대 전성기를 펼친 1970년대 일군들과 당원들처럼 자기 부문, 자기 단위를 앞장에서 이끌며 생눈길을 헤쳐나가는 기관차가 되고 척후병이 되면 모든 초소마다에서 비약과 혁신이 일어나고 나라의 전반사업이 잘되게 될것입니다.

당의 로선과 정책은 당원들만이 아니라 광범한 군중이 다 떨쳐나서야 성과적으로 관철될수 있습니다. 당세포들은 당원들과 핵심군중을 발동하여 한 사람이 열사람, 열사람이 백사람을 불러일으키며 한 단위의 혁신이 다른 단위의 혁신으로 이어지게 하여야 합니다.

로동계급과 농업근로자들, 지식인들을 비롯한 광범한 대중을 당정책관철에로 힘있게 조직동원하여 사회주의경제강국건설과 문명국건설의 모든 전선에서 년대와 년대를 뛰여넘는 대혁신, 대비약을 일으켜나가야 합니다.

군중을 당정책관철에로 조직동원하는데서 청년들과의 사업에 특별히 힘을 넣어야 합니다. 청년들은 우리 혁명의 매 시기, 매 단계마다 당과 수령을 앞장에서 받들어온 전위투사들입니다. 전후 강선의 로앞에서 애국의 땀을 바쳐 천리마대고조의 봉화를 지펴올린것도 청년들이였고 해주-하성간 철길공사장에서 기적을 창조한것도 청년들이였습니다.

당세포에서는 새 세대 청년들이 아버지, 어머니의 청춘시절처럼 강성국가건설의 전구들마다에서 청춘의 슬기와 용맹을 남김없이 떨치며 시대를 진감하는 영웅적위훈을 창조해나가도록 적극 내세워주고 이끌어주어야 합니다.

현시대는 과학기술의 시대, 지식경제의 시대이며 과학기술을 떠나서는 부강조국건설과 그 미래에 대하여 생각할수 없습니다. 당세포들에서는 과학자, 기술자들이 우주를 정복한 위성과학자들처럼 최첨단돌파의 열풍을 세차게 일으켜나가도록 적극 고무해주고 지속적으로 도와주어야 합니다. 그리고 일군들과 당원들과 근로자들이 자력갱생의 비결도, 생산장성의 열쇠도 과학기술에서 찾고 현대과학기술을 배우기 위하여 열심히 노력하며 모든 문제를 과학기술에 의거하여 풀어나가도록 당적지도를 짜고들어야 합니다.

그리하여 모든 부문, 모든 초소마다에서 위대한 장군님께서 지펴주신 새 세기 산업혁명의 불길, 최첨단돌파의 열풍이 더욱 세차게 타번지도록 하여야 합니다.

세포가 시대와 혁명앞에 지닌 무거운 사명과 임무를 훌륭히 수행해나가자면 세포비서들의 책임성과 역할을 높여야 합니다. 당세포의 전투력은 세포비서들의 준비정도와 역할에 크게 달려있습니다. 당세포비서들은 당을 강화하고 당의 로선과 정책을 관철하는데서 우리 당의 척후병입니다.

전당의 세포비서들이 혁명의 기수, 투쟁의 기수가 되여 자기의 책임을 다하게 되면 당세포가 강화되고 우리 혁명은 그만큼 빨리 전진하게 될것입니다.

당세포비서들이 자기의 역할을 다하자면 한가정의 어머니처럼 되여야 합니다. 세포비서들의 사업에서 기본은 사람들의 마음을 움직이기 위한 정치사업을 잘하여 사람들을 불러일으키는것입니다.

세포비서들이 사람들의 마음을 움직이자면 자식을 위해 오만자루의 품을 들이는 어머니처럼 사람들에게 진정을 바쳐야 합니다.

노래 《어머니의 목소리》의 가사에 어머니 그 목소린 한가정에 울려도 우리 당 그 목소린 온 나라에 울리네라는 인상깊은 구절이 있는데 어머니당의 사랑과 믿음의 목소리가 온 나라에 울려퍼지게 하여야 할 사람들은 바로 세포비서들입니다.

우리의 모든 세포비서들은 노래 《어머니의 목소리》에 자신을 비추어보며 한가정의 어머니와 같이 사람들의 마음에 더 가까이 접근하여 그들을 당의 두리에 튼튼히 묶어세워야 합니다. 세포비서가 한가정의 어머니처럼 되자면 누구나 스스로 찾아와 자기 속마음을 터놓고싶어할 정도로 심장이 뜨겁고 도량이 넓어야 합니다.

세포비서의 마음은 사람들을 어떻게 하면 바른 길로 이끌어주고 그들의 정치적생명을 빛내여주겠는가 하는 생각으로 꽉 차있어야 합니다.

세포비서는 자기 집일보다 동지들과 군중속에서 제기되는 일들을 먼저 생각하여야 하며 자식들을 위하여서는 피와 살도 지어 생명까지도 서슴없이 바치는 어머니처럼 집단을 위하여 심신을 다 바쳐야 합니다.

세포비서들은 언제나 수령님과 장군님의 태양상을 마음속으로 우러르며 어머니다운 정겨운 시선과 밝은 인상, 례절바른 언행으로 사람들을 부드럽고 따뜻하게 대해주어야 합니다. 그래야 향기로운 꽃에 벌들이 모여들듯이 세포비서의 주위에 사람들이 모여들고 집단안에 화목한 분위기가 차넘칠수 있습니다.

당세포비서들이 자기의 역할을 훌륭히 수행하자면 혁명과업수행에서 대중의 모범이 되여야 합니다. 세포비서들이 어렵고 힘든 모퉁이에 남보다 어깨를 먼저 들이밀며 당정책관철을 위하여 발이 닳도록 뛰고 또 뛰는것이 몇백마디의 말보다 더 위력한 정치사업으로 됩니다.

강원도인민보안국 폭발물처리대 당세포비서였던 김금수동무와 같이 가장 위험하고 어려운 일에 남먼저 뛰여들어 진격의 돌파구를 열어제끼는 사람이 우리 당이 바라는 참된 세포비서입니다.

세포비서들은 당원들과 근로자들에게 당정책관철에 떨쳐나서라고 호소만 하지 말고 이신작칙의 모범으로 대중을 투쟁과 위훈으로 선도해나가야 합니다. 세포비서들이 대중의 앞장에 서서 당과 혁명을 위하여 헌신하느라면 남보다 휴식도 적게 하고 잠도 좀 못 잘수 있지만 그것을 고생으로 여기지 말고 락으로 여겨야 합니다.

당세포비서들이 자기의 책임과 역할을 다하자면 정치실무수준을 높여야 합니다. 세포비서들이 아무리 각오가 높고 열성이 있어도 수준이 낮으면 사람과의 사업을 능숙하게 할수 없고 대중을 당정책관철에로 힘있게 불러일으킬수도 없습니다.

세포비서들은 당권이나 간판을 가지고 자기의 발언권을 세우려고 할것이 아니라 실력으로 사업상권위를 세우고 대중의 신망을 얻어야 합니다. 세포비서들은 위대한 수령님과 장군님의 로작들과 당문헌들을 깊이 학습하여 당의 사상과 로선, 정책을 누구보다 환히 꿰들어야 하며 특히 자기 부문, 자기 단위와 당사업부문에 주신 수령님의 교시와 장군님의 말씀, 당의 방침에 정통하여야 합니다.

세포비서들은 당규약과 당생활규범에 대한 학습을 실속있게 하여 당생활조직과 지도, 당장성사업을 비롯한 세포사업에서 제기되는 여러가지 실무적 문제들을 다 알고있어야 하며 정치, 군사, 경제, 문화 등 여러 분야에 대한 다방면적인 지식을 소유하고 정세에도 밝아야 합니다.

사람들의 마음을 옳게 들여다보고 그것을 움직일줄 아는것은 세포비서들이 지녀야 할 필수적인 자질입니다. 세포비서들은 능숙한 군중공작방법을 지녀야 하며 군중앞에서 춤도 추고 노래도 부르며 선동연설도 할줄 아는 팔방미인이 되여야 합니다.

시대와 혁명발전의 요구에 맞게 당세포의 전투적기능과 역할을 높이자면 전당에 세포를 중시하고 적극 도와주는 기풍을 세워야 합니다. 각급 당위원회들은 정치사상적으로 견실하며 당원들속에서 신망이 높고 실무적으로 준비된 사람들로 세포비서대렬을 잘 꾸리고 그들의 수준을 높이는데 깊은 주목을 돌려야 합니다.

세포비서들에게 당문헌과 당의 방침을 제때에 전달침투하고 그것을 관철하기 위한 상급당의 결정, 지시를 정상적으로 알려주며 사업방향을 똑똑히 주어야 합니다. 각급 당위원회들은 하부지도에서 일군들이 당세포에 직접 들어가 당원들의 당생활을 지도하면서 세포비서들을 도와주고 배워줄데 대한 당의 요구를 철저히 관철하여야 합니다.

세포비서의 날도 정상적으로 실속있게 운영하고 세포비서들을 위한 강습과 경험토론회같은것도 널리 조직하여야 합니다.

당면하여 이번 대회가 끝난 다음에 진행하는 강습을 실지 세포비서들의 사업에 도움을 줄수 있게 잘하여야 합니다. 우리 당을 영광스러운 김일성, 김정일동지의 당으로 강화발전시키며 강성국가건설을 다그치는데서 당세포비서들이 맡고있는 책임과 임무가 매우 무겁습니다.

당중앙위원회는 모든 당세포비서들과 당일군들이 주체의 당기를 자신들이 틀어쥐고있다는것을 깊이 자각하고 당과 혁명앞에 지닌 영예로운 사명과 임무를 훌륭히 수행해나가리라는것을 굳게 믿습니다.

주체102(2013)년 1월 30일 수요일

6.

김정은시대 북의 '**경제와 핵무력 건설 병진노선**'을 어떻게 볼 것인가?

2013년 3월 당중앙위원회 전원회의서 채택
김정은시대의 '전략적 노선'으로 천명

판결문을 통해 북은 "장성택은 부서와 대상기관에 당의 방침보다도
제놈의 말을 더 중시하고 받아무는 이질적인 사업체계를 세워놓음으로써 심복졸개들과
추종자들이 조선인민군 최고사령관 명령에 불복하는 반혁명적인 행위를
서슴없이 감행하게 하였다"라고 비판했다. 2012년 말 위성 발사와
2013년 2월 핵실험, 3월 당중앙위원회 전원회의 결정으로 이어지는 북의 정책에
장성택이 개인적으로 반대의사를 가졌던 것일까?
3월 당 전원회의 전략적 노선으로 채택된 '경제와 핵무력 건설 병진노선'을 재조명해 봤다.

| 2013년 3월 31일 조선노동당 중앙위원회 전원회의(3월 전원회의)가 김정은 국방위원회 제1위원장 주재하 열렸다. 북은 '경제건설과 핵 무력 건설 병진노선'을 채택한 후 '전방위 대화 공세'에 나서기 시작했다.

경제와 핵무력 건설 병진노선 채택

2013년 들어 북은 당 중앙위원회 정치국회의(2월 11일), 당 중앙위원회 전원회의(3월 31일)를 열어 '경제와 핵무력 건설 병진노선'을 채택하고, 뒤이어 최고인민회의 제12기 7차 회의(4월 1일), 내각 확대 전원회의(4월 22일)를 열고 구체적인 실행조치들을 마련했다.

"조성된 엄중한 정세에 대처하여 조국의 안전과 나라의 자주권을 믿음직하게 수호하기 위한 강도 높은 전면대결전을 벌리자."

2012년 12월 12일 위성 발사에 대해 유엔안보리의 제재가 나오자 북은

2013년 2월 11일 당중앙위원회 정치국회의를 개최하고 이같이 결정했다. 그리고 다음날 3차 핵실험을 단행했다.

이어 북은 3월 31일 노동당 중앙위원회 전원회의를 열고 경제 건설과 핵무력 건설을 동시에 발전시키는 새로운 전략적 노선을 채택했다. 2003년 김정일 국방위원장이 '국방공업을 우선적으로 발전시키면서 경공업과 농업을 동시에 발전시키는 선군시대의 경제건설노선'을 제시한 지 10년 만에 북이 새로운 전략적 노선을 내놓은 것이다. '자위적 핵무력'을 강화 발전시키면서 동시에 경제건설에도 주력해 '사회주의 강성국가' 건설을 위한 두 마리의 토끼를 모두 잡겠다는 구상이다.

일시적 아닌 장기적 노선

2012년 4월 6일 당 중앙위원회 책임일군들과 진행한 담화에서 김정은 제1위원장은 "선군시대 경제건설노선의 요구대로 국방공업발전에 선차적인 힘을 넣어 나라의 군사력을 백방으로 강화하여야 합니다"라고 언급해 '선군시대 경제건설노선'의 계승을 강조했다. 그런데 1년 뒤 3차 핵실험이후 국방공업의 핵심이 핵무력 건설에 있다는 점을 공개적으로 천명했다. 북은 병진노선에 대해 김일성 주석과 김정일 국방위원장 등이 구현했던 "독창적인 경제국방 병진 노선의 빛나는 계승"이라고 의미를 부여하고 "항구적으로 틀어쥐고 나가야할 전략적 노선"이라고 규정했다. 병진노선이 일시적인 것이 아니라 장기적인 노선으로 제시된 것이다.

3월 전원회의에서 채택된 병진노선은 2009년 5월 2차 핵실험이후 내부적으로 총화(결산)되어, 대내외적으로 공개했던 정책들을 종합해 김정은시대의 '전략적 노선'으로 체계화한 것으로 보인다. 따라서 병진노선이 나오게 된 배경을 이해하기 위해서는 2차 핵실험이후 2010년 당대표자회까지 시기에 북 내부에서 논의 결정된 내용에 주목해야 한다.

2009년 2차 핵실험이후 노선전환 논의

첫째, 1990년대 초반 김일성시대에 제시된 마지막 노선을 대내외 정책의 기준점으로 삼는다는 것이다. 경제노선으로는 '3대제일주의'의 계승이다. 김 주석은 1993년 12월 8일 '혁명적 경제전략'을 발표해 경공업과 농업, 대외경제를 중시해야 한다는 '3대 제일주의'를 표방한 바 있다. 3월 전원회의에서 경제건설을 위해 ▲인민경제 선행부문·기초공업부문의 생산력 증대, 농업과 경공업에 대한 역량 집중을 통한 최단기간 내 인민생활 안정 ▲지식경제로의 전환, 대외무역의 다각화·다양화를 통한 투자 활성화 등을 제시한 것은 이러한 흐름을 잘 보여준다.

대외노선으로는 북미관계정상화를 중심으로 하면서도 남북·북일 대화를 병행해서 전방위적으로 추진해 나간다는 것이다. 1990년대 초반 북은 북미고위급회담, 남북기본합의서 채택, 북일관계정상화, 등을 동시에 추진한 바 있다. 이와 관련 김계관 외무성 제1부상은 2009년 12월 방북한 미국의 빌 리처드슨 주지사에게 '포괄적인 대외전략'이라고 표현했다.

사실상 핵보유로 안보문제 해결

둘째, 2차 핵실험 성공으로 북은 핵보유국이 됐으며, 이를 통해 안보문제가 기본적으로 해결됐기 때문에 모든 역량을 경제발전, 인민생활 발전에 돌릴 수 있게 됐다는 것이다. 북은 "미국이 원자탄으로 위협하던 시대는 영원히 지나갔다"고 표현했다. 국제사회가 인정하든 하지 않든 핵이 있다는 것을 발표하고 실험을 통해서 입증했기 때문에 장기적으로 국제사회도 '사실상 핵보유국'으로 인정할 수밖에 없다는 판단이다. 특히 북은 '비핵화가 수령님의 유훈이고 우리의 최종목표'이기 때문에 핵무기를 가지려 하지 않지만 미국의 적대시 정책으로 어쩔 수 없이 핵무기를 가지게 됐고, 핵무기를 보유했기 때문에 비핵화에도 유리한 환경이 조성됐다고 결론을 내렸다.

이와 관련 2013년 4월 8일 재일조선인총연합회 기관지 《조선신보》가 "자위적인 핵보유를 영구화하는 길에 평화도 있고 나라의 부강번영도 있고 인민들의 행복도 있다는 것은 좌절과 실패를 거듭한 비핵화회담에서 얻은 교훈"이라고 평가한 것도 이같은 북의 내부 기류를 반영하고 있다.

이러한 판단에 기초해 북은 6자회담의 성격이 근본적으로 변화됐다고 결론 내리고, 2009년 7월 "6자회담은 영원히 끝났다"라고 선언했다. 이것은 평화협정 논의가 수반되지 않는 6자회담에는 복귀하지 않겠다는 의미였다. 2010년 1월 북은 "비핵화에 관한 전략적 결단이 없이 평화협정 회담을 제안하지는 않았을 것"이라며 평화협정 문제가 논의돼야 6자회담에 복귀할 수 있다는 입장을 분명히 했다. 한반도비핵화와 평화협정 체결을 동시에 논의된다면 대화에 나갈 수 있지만 미국이 군사적 압박으로 나온다면 지속적으로 핵과 미사일 실험을 할 수밖에 없다는 것이다.

위성 발사와 핵의 평화적 이용은 자주권 문제

셋째, 위성 발사와 핵의 평화적 이용 권리는 '자주권'에 해당하는 문제로 다른 나라가 제재하거나 간섭할 수 있는 사안이 아니라는 것이다. 이와 관련 김정은 제1위원장은 2012년 4월 15일 첫 공개연설에서 "강성국가 건설과 인민생활 향상을 총적 목표로 내세우고 있는 우리 당과 공화국 정부에 있어서 평화는 더없이 귀중하다"라며 '평화'의 중요성을 강조했지만 "우리에게는 민족의 존엄과 나라의 자주권이 더 귀중하다"라고 발언해 '자주권'을 전제조건으로 제시한 바 있다. 북이 이른바 위성발사에 대해 유엔안보리의 제재가 이뤄지자 강하게 반발할 수밖에 없는 이유다. 북은 2013년 2월 11일일 열린 당중앙위원회 정치국회의에서도 '광명성 계열의 인공지구위성과 장거리 로켓'들을 계속 발사할 것이라는 점을 분명히 했다.

북은 이미 2009년에 미국이 대북 선제공격을 할 경우에 대비해 다섯 개의 대응방안도 마련해 놓은 것으로 전해진다. 5개 방안은 ▲일본과 남조선에 있는 미군기지를 소멸 ▲남조선의 군수기지, 한미 연합기지를 소멸 ▲ 일본의 사세보항, 오키나와의 군사기지를 소멸 ▲태평양의 미군 기지를 소멸 ▲ 미

┃ 북 김정은 국방위원회 제1위원장이 2012년 12월 15일 평안북도 철산군 서해위성발사장을 찾아 로켓을 성공적으로 발사하는데 공헌한 과학자, 기술자들을 격려했다고 《조선중앙통신》이 보도했다.

국의 워싱톤·시카고·뉴욕 등 주요 기지들을 타격할 것 등이다. 2002년 하반기부터 2003년 4월까지 진행된 미국과 남쪽에 대한 북의 무력시위와 위협이 갑작스럽게 결정된 것이 아닌 셈이다.

몇 년 간의 내부 논의 끝에 3월 당전원회의에서 채택된 '경제와 핵무력 건설 병진노선'은 2009년 2차 핵실험이후 북의 변화된 노선을 함축하고 있으며, 김일성·김정일시대의 노선을 계승하면서도 변화된 정세를 반영해 김정은시대의 기본노선으로 정립, 공개된 것으로 볼 수 있다. 특히 비핵화와 평화협정 논의가 장기적으로 이뤄질 경우에 대비한 포석도 깔려 있다.

최고인민회의에서 법제화

3월 당 전원회의 이후 북은 최고인민회의와 내각 전원회의 확대회의를 열어 병진노선을 구체화하기 시작했다. 우선 최고인민회의에서는 '자위적 핵보유국의 지위를 더욱 공고히 할 데 대한 법', '우주개발법'을 제정하고, 원자력공업성과 국가우주개발국 신설을 결정했다. 원자력공업성 신설에 대해 북은 "나라의 원자력공업을 현대화, 과학화하며 최첨단 과학기술의 토대 우에 확고히 올려 세워 핵물질의 생산을 늘리고 제품의 질을 높이며 자립적인 핵동력공업을 더욱 발전"시키기 위한 것이라고 밝혔다. 그리고 북은 '우라늄 농축공장'을 비롯한 영변의 모든 핵시설들과 함께 2007년 10월 6자회담 합의에 따라 가동을 중지하고 무력화했던 5MW 흑연감속로를 재정비, 재가동하는 조치에 들어갔다.

북은 앞으로 영변에 건설 중인 시험용 경수로 완공 및 가동, 새로운 핵연료 제조공장 및 원심분리시설 공개, 재처리시설 재가동 등 다양한 카드를 내세울 것으로 예상된다. 또한 4차 핵실험, 장거리 미사일 발사, 위성 발사 등

| 평양 통일거리에 들어서고 있는 상업봉사망 공사현장과 전
  경도. ⓒ박상권

을 언제든지 압박카드로 활용할 수 있도록 준비할 것으로 전망된다.

박봉주 총리 기용해 경제개선 가속화

이와함께 북은 새로운 경제건설노선을 추진하기 위해 박봉주 당 경공업부
장을 정치국 위원으로 승진시켜 내각 총리에 다시 기용했다. 2002년 사회주
의경제관리개선조치(7·1조치) 때 내각 상무조(태스크포스)로 활동했던 인물들
도 새로 구성된 내각상무조에 복귀했다. 지난 4월 22일 열린 내각 전원회의
확대회의에서 결정된 것처럼 지식경제시대에 맞는 경제구조를 완비하고,
"경제지도와 관리 개선 사업을 박력 있게 밀고 나가며, 대외경제사업을 개선
강화"하기 위한 포석이다. 2002년 '7·1조치'가 나올 때도 이를 위한 상무조

| 평양 거리의 선전화. 북은 2012년 위성발사 성공이후 '과학기술에 기초한 경제건설'을 더욱 강조하고 있다.

가 구성됐고, 2003년에 기용된 박봉주 총리는 2004년 6월 내각 상무조를 가동해 가족영농제 도입, 기업경영 자율화, 당의 노력동원 금지, 도매 시장 등 유통구조 구축, 상업·무역 은행 신설 등 파격적인 경제개선안을 입안했던 것으로 알려져 있다.

실제로 북은 2012년 '경제관리 개선 방도를 강구해 보라'는 김정은 제1위원장의 지시에 따라 내각 상무조를 구성해 여러 개선방안을 만들고, 현장 간부들의 의견을 광범위하게 수렴하는 한편, 공장·기업소, 협동농장, 각 도·시·군의 일부 시범단위에서 일부 개선조치를 시행했다. 북은 이러한 시범단위의 경험을 종합평가한 뒤 결과가 성과가 좋게 나온 방안부터 단계적으로 전국화, 일반화한다는 방침이다. 실질적인 내각책임제 도입과 공장·기업소, 협동농장의 상대적 독자성(자율성)을 확대하는 방향이다. 신임 박봉주 총리가 첫 '현지요해(파악)' 대상으로 김정숙평양방직공장과 황해남도에 있는 협동농장을 선택하고, '분조관리제의 우월성'을 언급한 것도 경제개선에 대한 의지를 보인 것이다. 특히 북은 2009년 함경남도 단천지구 광산들과 공장, 기업소 수익을 전적으로 경공업과 농업 등 인민생활 향상에 투자하는 조치를 취한 것으로 전해진다.

핵무력 강화 비용은 어떻게 마련?

문제는 경제 건설과 핵무력 건설에 들어가는 예산을 균형 있게 사용할 수 있느냐 하는 점이다. 북이 이번에 채택한 병진노선의 뿌리는 1960년대에 김일성 주석이 내놓았던 '경제·국방 병진노선'에 두고 있다. 북은 "병진이란 말은 깊은 역사를 안고 있다"라며 "1962년 카리브해 위기가 닥치고 미제와 주구들이 북진을 부르짖던 그때 우리 당은 경제건설과 국방건설을 병진시킬 데 대한 새로운 전략적 방침을 제시했다"고 설명했다.

북은 1962년 10월 발생한 '카리브해 위기(쿠바 미사일 위기)' 당시 구소련 당국이 미국의 군사적 압력에 굴복해 쿠바 미사일기지 설치를 포기한 데 큰 충격을 받고, 그해 12월 노동당 중앙위 제4기 5차 전원회의에서 경제건설과 국방건설을 병진시킬 데 대한 새로운 당 노선 제시하고 국방예산을 대폭 증액하는 등 국방력 강화에 힘을 쏟았다. 특히 1964년 베트남전쟁이 확대되면서 국방비가 예산의 30%를 넘기도 했다. 그 결과 북은 1961년부터 실시한 제1차 7개년경제개발계획을 3년 늦춰 1970년에서야 끝낼 수 있었다.

북은 병진노선이 '국방비를 늘이지 않고도 적은 비용으로' 방위력을 더욱 강화하면서 경제건설과 인민생활 향상을 꾀할 수 있는 방도라고 강조하면서 제12기 5차 최고인민회의에서 통과된 예산안에서 국방비를 지난해보다

0.2% 늘인 지출 총액의 16%로 책정했다. 그러나 1960년대처럼 앞으로 긴장 관계가 이어질 경우 추가 예상 투입 없이 핵 시설 추가 가동, 미사일 개발, 위성 발사 등이 가능할지 의문이다.

물론 북이 '세계의 비핵화 실현 시까지 핵무력을 질량적으로 확대·강화' 하겠다고 주장하고 있지만 비핵화와 평화협정이 동시에 논의, 진행될 경우 북은 경제건설을 위한 환경조성을 위해 양자 및 다자대화에 나올 여지는 남겨 두었다.

장성택이 했다는 '조선인민군 최고사령관 명령에 불복하는 반혁명적인 행위'가 구체적으로 무엇인지는 분명하지 않다. 일각에서는 중국의 반발을 불러올 수 있는 핵실험과 핵보유에 기초한 '경제건설과 핵무력 건설 병진노선'에 장성택이 반대의견을 피력했을 가능성이 있다고 주장했다. 아직까지 사실여부는 확인되지 않고 있다. 그러나 장성택이 그러한 의견을 가지고 있었다고 하더라도 정치국 회의나 당중앙위원회 전원회의 석상에서 반대발언을 하지 않았을 가능성이 크다. 공식회의를 통해 의견을 개진하지 않고 당 회의에서 결정된 사안에 대해 김정은 제1위원장과의 '특별한 관계'를 통해 사적으로 자신의 의사를 전달했을 수는 있다. 문제는 장성택의 그러한 행보가 '당의 유일적 영도체계'를 지향하는 북 체제의 속성상 다른 기관에서 비판이 제기됐을 경우 아무리 장성택이라도 예외가 되기 어렵다는 점이다. ☼

7.

장성택은 '내각책임제 원칙 위반'을 위반했나?

'내각책임제'는 김정일 위원장도 못했던 일
당과 군이 운영하는 자금의 내각 이관이 핵심

정치국 결정서는 '장성택 일당'이 "교묘한 방법으로 나라의 경제발전과 인민생활 향상에서
주요한 몫을 담당한 부문과 단위들을 걷어쥐고 내각을 비롯한 경제지도기관들이
자기 역할을 할 수 없게 만들었다"고 밝혔다.
2012년부터 김정은 제1위원장은 경제사업에 대한 내각의 '통일적 지도'를 강조하며
'내각책임제'를 확고하게 확립하는 노선에 난관을 조성했다는 것이다.
김정은시대 북의 경제노선과 장성택의 경제노선 사이에는 차이가 있었던 것일까?

김정은 제1위원장이 경제개선안 주문

북은 2012년 협동농장의 운영 및 분배방식에 개혁조치를 단행한 뒤 2013년 들어서는 공장·기업소의 경영과 급여방식에 변화를 추구하고 있다. 2002년 7월 1일 단행된 사회주의경제관리개선 조치('7.1조치')이후 10년 간의 논쟁과 경험을 결산하고, 변화된 국내외상황에 맞게 새로운 경제관리방식을 도입하려는 움직임이다.

김정은 제1위원장이 경제개혁에 착수한 시점은 2012년 1월로 알려져 있다. 당시 김정은 제1위원장은 "사회주의 원칙을 확고히 고수하면서도 최대한의 실리를 보장할 수 있게 하는 것을 경제부문에서 종자로 틀어쥐고 나가야 된다"며 내각의 과장급 이상 경제간부들에게 '어떻게 하면 세계적 추세와 지식경제시대에 맞게 경제를 개선할 수 있는지 정책건의안을 내놓으라'고 지시했다.

그러나 '자본주의적 개방파'로 몰려 자칫 불이익을 당할 것을 우려한 대다수의 경제간부들이 정책건의를 내놓는 것을 꺼려했다고 한다. 그러자 2012년 1월 28일 김 제1위원장은 노동당 간부들과 만난 자리에서 경제활성화를 위한 다양한 정책을 모색할 것을 지시하며, 경직된 내부비판에 경고 메시지를 보낸 것으로 전해진다.

당시 그는 "경제분야의 일꾼과 경제학자가 '경제관리를 이런 방법으로 하면 어떻겠는가'라고 제안해도 색안경을 낀 사람들에 의해 '자본주의적 방법을 도입하려 한다'고 비판을 받기 때문에 경제학자들이 의견을 갖고 있어도 얘기하려 하지 않는다"고 지적하고, "비판만으로는 경제관리 방법을 현실 반전의 요구에 맞게 개선해 나갈 수 없다"라며 경제활성화를 위한 자유로운 정책논의를 주문했다고 한다. 이후 김 제1위원장은 익명으로 정책건의를 할 것을 다시 지시하며, 어떤 내용이라도 신분상의 불이익이 없을 것이라는 점을 강조했다. 그제야 다양한 정책건의들이 제출됐다고 한다.

계승과 변화

김 제1위원장은 4월 6일 당중앙위원회 책임일군들과 진행한 담화에서 경제노선의 계승과 변화를 주문했다. 그는 "선군시대 경제건설노선의 요구대로 국방공업발전에 선차적인 힘을 넣어 나라의 군사력을 백방으로 강화하여야 합니다"라며 큰 틀에서 김정일 국방위원장의 경제노선을 계승할 것으로 표방했다. 동시에 그는 "강성국가 건설과 인민생활 향상을 총적 목표"로 제시하며 '변화'를 주문했다. 그는 "오늘 세계는 경제의 지식화에로 전환되고 있으며 우리 앞에는 나라의 경제를 지식의 힘으로 장성하는 경제로 일신시켜야 할 시대적 과업이 나서고 있습니다"라며 "지식경제시대의 요구에 맞는 경제구조를 완비"할 것을 강조했다. 선군경제노선을 계승하면서도 '세계적 추세'에 맞게 대외개방을 하고, 지식경제시대에 맞는 경제관리체계를 마련해야 한다는 것이다. 김 제1위원장은 "경제사업에서 사회주의원칙을 고수하며 생산과 건설의 담당자인 근로자들의 책임성과 역할을 높여 생산을 최대한 늘이도록 하는데 힘을 넣어야 합니다"라고 경제관리체계 개혁의 구체적인 방향에 대해서도 제시했다.

경제개혁을 위한 '상무조(태스크포스팀)' 설치

얼마 후 김정은 제1위원장의 지시로 경제개혁을 위한 '상무조(태스크포스팀)'가 구성했다. 상무조를 구성해 여러 방안을 만들고, 현장일꾼들의 의견을 광범위하게 들어본 후 최종개선안을 검토해보자는 정도의 지시가 있었던 것으로 보인다.

상무조를 주도한 인물은 2012년 4월 노동당 경공업부장으로 승진한 박봉주 전 총리였다. 그는 2002년 임금 및 물가 현실화, 기업의 경영자율권 확대 등 '7·1조치'를 주도했고, 이어 2003년 9월 내각 총리에 올라 '경제개혁'을 진두지휘한 대표적 인물이다. 그는 총리에 임명된 뒤 내각 상무조를 설치해 가족영농제 도입, 기업경영 자율화, 당의 노력동원 금지, 도매 시장 등 유통구조 구축, 상업.무역 은행 신설 등 파격적인 경제개혁안을 입안했던 것으로 알려져 있다.

그러나 예상보다 경제실적이 부진하고, 계획경제의 강화를 주장하는 내부 목소리가 커지면서 2007년 4월 총리직에서 해임돼 평안남도 순천비날론연합기업소 지배인으로 좌천됐다. 3년 후인 2010년 8월 그는 노동당 경공업부 제1부부장으로 다시 중앙무대에 복귀했고, 당 경공업부장을 거쳐 2013년 4월 다시 내각 총리에 임명돼 경제개혁을 주도하고 있다.

시범 사업단위 지정

2012년 내각 산하에 설치된 상무조에는 2004년 박봉주 총리 때 상무조에서 활동했던 인력들이 다시 복귀해 인력구성에 큰 변화가 없었던 것으로 전해진다. 박봉주 총리와 함께 좌천됐던 경제관료들이 거의 대부분 복귀한 셈이다.

2012년 구성된 내각 상무조는 2003~2004년 박봉주 총리가 중심이 돼 입안 시행하다 전면적으로 추진되지 못한 경제정책으로 돌아가자는 쪽으로 의견을 모았다. 곧이어 개선조치의 기본방향이 만들어졌고, 그중 일부 조치

들은 2012년 상반기에 시범단위를 지정해 일부지역에서 실시됐다. 북은 공장.기업소, 협동농장, 각 도.시.군의 일부 시범단위에서 나온 성과를 가지고 총화(종합평가)한 뒤 그 결과가 좋은 조치부터 전국화, 일반화한다는 방침을 세웠다.

그리고 2013년 1월 1일 김정은 제1위원장은 신년사에서 "현실발전의 요구에 맞게 경제지도와 관리를 개선하여야 합니다"라며 "우리식 사회주의경제제도를 확고히 고수하고 근로인민대중이 생산활동에서 주인으로서의 책임과 역할을 다하도록 하는 원칙에서 경제관리방법을 끊임없이 개선하고 완성해나가며 여러 단위에서 창조된 좋은 경험들을 널리 일반화하도록 하여야 하겠습니다"라고 밝혔다. 2012년 시범단위에서 실시된 경제개혁 조치들을 일반화하도록 결론을 내린 것이다. 1년 간의 논의와 시범사업을 통해 경제개혁의 기본방향이 마련됐고, 이것이 2013년에 본격적으로 실시되기 시작한 셈

┃ 2012년 4월 15일 김일성 주석의 101번째 생일(태양절)을 맞아 북의 주요 간부들이 만경대를 방문했다. 왼쪽부터 리무영 내각 부총리, 로두철 내각 부총리, 리병삼 인민보안부 조선인민내무군 정치국 국장 겸 당 책임비서, 김창섭 국가안전보위부 정치국 국장, 곽범기 당 비서, 양형섭 최고인민회의 상임위원회 부위원장, 박봉주 내각 총리, 김영남 최고인민회의 상임위원회 위원장, 김기남 사적담당 당 비서, 최태복 국제과학교육담당 당 비서, 강석주 내각 부총리, 김양건 대남 담당 당 비서, 김영일 국제담당 당 비서, 김평해 간부담당 당 비서, 조연준 당 조직지도부 제1부부장, 문경덕 당 비서. 이들 간부들은 장성택 숙청 이후에도 건재를 과시하고 있다.

이다. 이러한 정책방향은 김정일 국방위원장이 2002년 '7·1조치'를 단행하면서 제시한 기본방침의 연장선상에 있다.

내각 책임제 강화와 기업의 독자성 확대

북은 경제개혁을 안정적으로 추진하기 위해 우선 '국가의 계획적이며 통일적인 지도'를 내세우며 경제사업을 내각이 확고하게 책임지도록 했다. 김정은 제1위원장은 4월 6일 담화에서 "인민생활향상과 경제강국건설에서 혁명적 전환을 가져오기 위하여서는 경제사업에서 제기되는 모든 문제를 내각에 집중시키고 내각의 통일적인 지휘에 따라 풀어나가는 규율과 질서를 철저히 세워야 한다"며 '내각책임제(내각중심제)'를 강조한 뒤 각급 당위원회가 내각책임제 강화에 지장을 주는 현상들과 투쟁을 벌일 것을 지시했다.

당과 군에서 대외무역을 통해 얻은 수익을 독자적으로 운영하던 관행에서 탈피해 국가재정을 내각에 집중시키고, '경제사령부'로서 경제운영에서 내각책임제를 확고하게 정착시킨다는 구상이다. 내각 총리가 독자적으로 경제현장에 대한 현지요해(了解.파악)를 다니고 있는 것도 이같은 구상의 일환이다.

2012년 김영호 내각 사무국장도 당 이론기관지 《근로자》(2012년 제11호)에 기고한 글에서 "내각이 아래에 경제수자나 쪼개주고 지시와 독촉이나 하면서 나라의 경제사업을 옳게 작전하고 장악지도하지 못하면 경제에 대한 국가의 중앙집권적, 통일적 지도를 보장할 수 없고 사회주의경제관리를 제대로 할 수 없다"며 "내각책임제, 내각중심제를 강화하여야 모든 부문, 모든 단위들에서 기관본위주의를 없애고 내각의 결정, 지시에 절대 복종하는 강한 규율을 세워 당의 경제정책이 철저히 집행되도록 할 수 있다"고 강조했다.

김일성, 김정일시대에도 내각책임제 강조

내각책임제는 김일성, 김정일시대에도 지속적으로 강조돼 왔다는 점에서 새로운 방침은 아니다. 주목할 대목은 김정일 국방위원장도 시행하지 못했던 국가재정의 단일화, 집중화를 김정은 제1위원장이 구체적으로 추진하고 있다는 점이다. 실제로 인민군이 독자적으로 운영하던 무역회사, 경제사업이 내각으로 이관되기 시작한 사실이 확인되고 있다. 당 경제, 내각 경제, 군 경제로 구별돼 따로 운영되던 국가 재정이 당과 군에서 독자적으로 운영할 필요가 있는 예산을 제외하고는 기본적으로 내각으로 통합되는 것이다. 이것이 성공한다면 북 재정운용에 엄청난 변화가 일어나는 셈이다.

둘째로 북은 '해당 단위의 독자적인 경영목표 입안과 전략 수립'을 위해 공장·기업소, 협동농장 등에 '상대적 독자성(자율성)'을 강화했다. 북에서는 공장·기업소 및 협동농장들의 경영활동에서 제기되는 여러 문제들을 자체로 처리할 수 있는 일정한 권한을 부여하고 있는데, 그 권한을 대폭 확대하겠다는 것이다.

이를 위해 북에서는 몇 년 전부터 '경영전략'이라는 새로운 용어를 사용하기 시작했다. 이것은 계획경제의 전통적 방식과는 달리 기업의 경영전략을 중시하는 '경영학적 방식의 도입'을 고려하기 시작했다는 점에서 큰 변화라고 볼 수 있다. 각 공장·기업소별로 임금 및 소득 격차를 인정하다보니 기업소의 경영전략이 중요해진 것이다. 생산성을 올릴 뿐만 아니라 잘 팔아야 함으로 경영과 판매전략을 고민하게 된 셈이다.

계획과 시장의 조화

국가 차원에서 이뤄지는 계획의 완화에 대한 기본적인 가이드라인은 이미 김정일 국방위원장이 마련해 놓았다. 2002년 '7·1조치'를 실시하기 전인 2001년 김정일 국방위원장은 '10.3담화'에서 "계획경제라고 하여 모든 부문, 모든 단위의 생산경영활동을 세부에 이르기까지 다 중앙에서 계획하여야 한다는 법은 없다"고 하면서 "국가계획위원회는 경제건설에서 전략적 의의를 가지는 지표들, 그 밖의 소소한 지표들과 세부규격지표들은 해당기관, 기업소들에서 계획화하도록 하여야 한다"는 기본 방침을 제시한 바 있다. 국가지도를 국가경제전략이라는 높은 차원에만 국한시키고 기업의 '경영상 상대

| 2013년 3월 18일 평양에서 열린 전국경공업대회 모습. 김정은 제1위원장은 이 대회에 참석해 경공업 발전에 역량을 집중할 것을 주문했다.

적 독자성'을 상당한 범위로 확대해야 한다는 지침이었다. 세부계획화를 한다고 하면서 세부지표에 이르기까지 국가계획위원회가 직접 맡아 계획화하던 방식은 더 이상 유효하지 않다는 것이다.

다만 이 같은 방침은 북의 경제상황 때문에 제대로 실행될 수 없었다. 내각이 공장·기업소에 운영자금을 지원할 수 없었고, 개별 공장·기업소도 자체적으로 계획을 세울 수 있을 만큼 실질적인 재정 뒷받침이 이뤄지지 않았기 때문이었다.

따라서 김정은시대에 새로 나온 개혁조치는 기업소 운영과 관련해 전혀 새로운 정책을 내놓은 것이 아니라 현실적으로 공장.기업소들이 독자적으로 기업경영전략을 수립하고, 실행할 수 있도록 하겠다는 방침을 내놓은 것으로 평가할 수 있다. 내각(국가계획위원회)의 전반적인 경제정책에 입각해 개별 공장·기업소들이 자체로 기업경영전략을 수립해 국가계획위원회의 비준을 받게 되면 내각이 그에 해당하는 자금을 지원하던 방식을 전국적으로 확대한다는 것이다.

2013년 3월 말에 열린 당 중앙위 전원회의에서 김정은 제1위원장은 다시한번 지식경제 전환과 대외무역의 다각화를 강조하고 "현실 발전의 요구에맞게 경제지도를 근본적으로 개선하며 주체사상을 구현한 우리 식의 우월한경제관리 방법을 완성해야 한다"고 밝혔다.

시장경제적 요소 도입, 그러나 계획경제 포기는 아니다

김정은시대에 북은 한편으로는 전통적인 자립적 경제 건설노선과 사회주의적 경제운영방식을 큰 틀에서 흔들지 않으면서, 다른 한편으로는 대외무역의 확대하고 변화된 현실을 반영해 경제관리방식을 개선하는 방안을 찾기 위해 상당한 논의를 진행했고, 하나씩 실천에 옮기고 있다. 계획과 시장의 조화, 자립과 개방의 조화 등 어쩌면 상호 모순된 정책방향 속에서 북이 인민생활 향상을 위해 어느 정도의 성과를 낼지 주목된다. 다만 현실 요구에 맞게 경제관리방식을 개선해야 한다는 원칙은 확고하게 서 있는 것으로 보인다.

일부에서는 북의 새로운 경제개혁 조치에 대해 계획경제의 포기 또는 부분적 시장경제 도입이라는 측면에서 주목한다. 그러나 이러한 평가는 공장·기업소, 협동농장에 대한 '상대적 독자성' 강화라는 측면만을 과도하게 부각시킨 것으로 오히려 역할이 확대된 내각의 '통일적 지도'라는 측면을 무시한것이다.

북의 경제개혁은 2002년 '7·1조치'의 실패에서 볼 수 있듯이 내부의 반발을 고려한 단계적 실시, 경제 건설을 위한 국제 환경 조성, 수요와 공급의 균형 등이 적절하게 맞물려야 성공할 수 있을 것이다.

내각 국가계획위원회의 리영민 부국장은 2012년 《근로자》(2012년 제7호)에 기고한 글에서 "사회주의경제건설에서 실리를 보장한다는 것은 사회의 인적, 물적 자원을 효과적으로 리용하여 나라의 부강발전과 인민의 복리증진에 실제적인 리득을 주도록 한다는 것"이라며 "물질적 부의 생산을 결정적으로 늘여 수요와 공급사이의 균형을 옳게 보장하는 것을 비롯하여 사회주의경제를 관리 운영하는데서 현실적으로 절실하게 해결을 기다리는 문제들을 푸는데 힘을 넣는 것이 중요하다"라고 강조했다.

결국 경제개혁의 성공여부는 전국적으로 생산을 정상화해 '인민의 복리증진'에 실제적인 이익을 줄 수 있느냐에 달려 있는 셈이다.

대외개방노선 : 경제특구 활성화와 확대

북이 추진하고 있는 경제관리개선과 경제활성화를 위해서는 무엇보다도 자금확보가 전제돼야 한다. 이를 위해 북은 내부 예비자원을 최대한 동원하고, 대외무역을 활성화하는 한편 경제특구를 확대하려는 방향으로 움직이고 있다. 최근 북은 당과 군이 운영하는 경제사업을 내각에 집중시키는 작업을 진행하는 한편, 해외자본 유치에 적극 나서고 있다.

2012년 8월 13일 장성택 노동당 행정부의 방중이 주목된다. 방중한 장성택 노동당 행정부장은 천더밍(陳德銘) 중국 상무부장과 '황금평 · 위화도경제지대 공동개발 및 공동관리를 위한 조 · 중공동지도위원회(북 · 중공동지도위)' 제3차 회의를 갖고 라선경제무역구(지대)관리위원회와 황금평 · 위화도경제구(지대)관리위원회 설립을 선포했다. 이에 앞서 북은 라선경제무역지대법과 황금평 · 위화도경제지대법을 제정했다.

'황금평·위화도경제지대 공동개발 및 공동관리를 위한 조·중공동지도위원회' 제3차 회의를 북중은 2011년 6월 공식 착공식이후 1년여 간의 경제특구 개발협력이 실질적인 개발 단계에 접어들었다고 평가했다. 이미 특구 개발 계획 수립이 완료됐고, 기반시설 건설, 인재 양성, 법규 제정, 통관 간편화, 통신 및 농업 협력, 구체적 프로젝트 등에서 진전을 이뤘다는 평가를 내놓았다. 이 회에서 북·중은 운영관리위원회 설립을 위한 협의와 경제기술협력협정에 서명했고, 농업협력·라선 전기 공급·공단 건설 등에 대한 협의에도 서명했다.

라선특구 투자 합의

좀더 구체적으로 보면 라선특구는 앞으로 원재료 공업, 장비 공업, 하이테

| 2011년 6월 9일 라선특구에서 열린 '라선경제무역지대 조중공동개발 및 공동관리대상 착공식'에서 순정차이(孫政才) 당시 지린성 당 서기가 장성택 국방위원회 부위원장이 지켜보는 가운데 연설하고 있다. 장성택은 이때 '라선경제무역지대와 황금평, 위화도경제지대 공동개발 및 공동관리를 위한 조중공동지도위원회' 북측위원장 자격으로 참석했다.

크 신기술 산업, 경공업, 서비스업, 고효율의 현대 농업 등을 중심으로 점진적으로 북한의 선진 제조업 기지로 육성하고, 라선시를 동북아, 세계 물류 중심 및 지역 여행의 중심지로 육성하기로 합의했다. 한편 황금평·위화도특구는 정보 산업, 여행·문화·창의 산업, 현대 농업, 의류 가공업을 중심으로 개발해 점진적으로 지식 집약형 신흥 경제지구로 육성하기로 했다. 대체로 북의 구상이 그대로 반영된 합의로 보인다.

이러한 북·중합의는 2010년과 2011년 김정일 국방위원장의 중국 방문 때 합의하고, 2011년 6월 착공식을 가진 라선과 황금평·위화도경제특구 개발사업이 구체적인 실행단계로 넘어가기 시작했다는 것을 의미한다. 양국이 공동 개발의 큰 원칙을 다뤄온 개발합작연합지도위원회를 해산하고, 두 개의 특구에 공동관리위원회를 구성하기로 한 것이 이를 보여준다. 그동안 북·중 간에는 투자유치를 위한 환경조성, 북측 군인건설자들의 인프라 건설사업 참여 등 여러 가지 이견이 존재했는데, 이번 합의로 큰 틀에서는 상당부분 해소된 것으로 보인다.

2011년 6월 착공식 이후 훈춘의 권하세관과 북측 원정리세관을 잇는 신 두만강대교가 완공됐고, 원정리세관에서 라선시를 잇는 도로의 포장공사도 완공됐다. 단둥과 신의주를 잇는 신압록강대교도 순조롭게 공사가 진행되고 있다. 중국 당국은 민간기업 투자방식으로 30억 달러 정도를 투자해 라선특구에 항만·비행장·철도, 화력발전소 등을 건설할 계획이다.

장성택 방중

북·중간의 이견이 해소되고, 기본 인프라사업이 진행되면서 중국 기업들의 투자도 구체화될 것으로 예상된다. 장성택 부장의 장춘 이치(一汽)자동차 방문도 대북투자에 속도를 내기 위한 후속작업의 일환이다. 북은 2010년 5월 김정일 국방위원장의 중국 방문 때 중국의 대표적 자동차업체인 이치자동차와 상용차 공장 건설에 합의한 바 있다. 우선 이치자동차의 트럭 부품을 조립생산하는 공장을 라선특구에 설립해 무산철광에 공급하고, 자동차 판매전시장을 설립하는 한편, 이후 장기적으로 상용차와 승용차를 생산하고 한 것이다.

러시아와의 경제협력 확대

북은 러시와의 경제협력에도 적극 나설 의사를 밝혔다. 2012년 8월 14일 북측 리용남 무역상은 평양의 러시아대사관에서 열린 해방절(광복절) 기념 연회에서 가스 분야 경협에 대해 전향적인 메시지를 내놓은 것이 주목된다. 이날 리 무역상은 "러시아와 경제협력을 더 확대하기 위해 사업연계망을 적극적으로 강화할 준비가 돼 있다"며 "북 라선항과 러시아 하산을 연결하는 철도망 현대화, 석유·가스 협력사업 등을 대표적인 상호 협력 분야로 지목했다.

다음날 블라디미르 푸틴 러시아 대통령도 김정은 제1비서에게 보낸 축전에서 "우리는 운수·가스 및 전력 분야의 전망적인 대규모 계획을 추진하는 것을 비롯해 쌍무협조를 확대하는 데 커다란 의의를 부여하고 있다"고 밝혔다. 북의 《로동신문》은 이 내용을 그대로 보도했다. 러시아 연해주지역과 북한 나선시를 잇는 도로·철도·가스관 연결사업에 속도를 낼 수 있는 공감대가 북·러 사이에 형성된 것이다. 특히 그동안 북·러 가스관 연결사업에 걸림돌이 됐던 구소련 시절의 북한 차관 탕감문제도 2012년 5월 말 타결됐다. 이제 남과 북, 러시아가 구체적인 시점과 조건만 합의하면 가스관·철도 연설사업이 착공에 들어갈 수 있게 된 셈이다.

북 인프라 투자 확대

2011년 초 북한은 '국가경제개발10개년전략계획'에 관한 내각결정을 채택하고, "하부구조 건설과 농업, 전력, 석탄, 연유, 금속 등 기초공업, 지역개발을 핵심으로 하는 국가경제개발의 전략적 목표가 확정"했다. 이 계획에 따르면 북한은 북중 국경지대의 황금평·위화도특구 개발을 시작으로 신의주-남포-해주로 이어지는 서해안벨트와 라선특구를 시작으로 청진-김책-금강산으로 이어지는 동해안벨트를 특구 또는 개방구로 개발할 구상으로 가지고 있다. 북은 이들 사업을 향후 10년 간에 걸쳐 단계적으로 착공할 계획을 가지고 있다.

최근 몇 년간 라선특구의 경우 '3통(통신·통행·통관문제'가 완전히 해결됐고, 외국인들을 대상으로 주택 판매도 이뤄질 예정이다. 적어도 10년 안에 라선특구의 경우는 자본주의화가 이뤄질 전망이다. 또 김정은시대 북은 해외자본 유치가 이뤄질 경우 서해안과 동해안벨트의 특구와 개방구도 자본주의 방식으로 개발할 가능성이 크다.

북 개혁·개방의 전망

김정은체제 등장이후 북은 내부적으로 계획경제의 틀을 고수하면서 사회주의경제관리를 개선하는 '경제개혁'을 추진하고, 대외적으로 경제협력과 경제특구 확대를 통해 '세계적 추세'에 호응해 대외개방에 적극 나설 것으로 전망된다. 대외개방과 해외투자 유치를 위한 법적, 제도적 정비도 빠르게 이뤄지고 있다.

그러나 김정은 제1위원장의 발언을 종합해 볼 때 김정은체제가 추진하고 있는 북의 경제개혁이 시장경제를 지향하고 있다는 징후는 찾아보기 힘들다. 북은 2000년대에 들어와 사회주의원칙의 고수와 최대한의 실리보장이라는 원칙하에서 경제정책을 실시해왔다. 최근 언급되고 있는 중앙 계획의 축소, 공장·기업소 운영의 독자적 상대성 확대, 협동농장 분조의 축소, 집단 및 개인의 성과급제 확대 등도 이른바 '실리보장을 위한 조치'의 범주를 벗어나고 있지 않다.

오히려 북은 사회주의 계획경제를 강화하기 위해 외부에서 이른바 반(反)시장주의적 정책이라고 하는 정책들, 예를 들어 양곡전매제 시행(2005년 10월), 부동산 전면 실사(2006년 4월), 개인 서비스업 실태조사(2007년 초), 종합시장 통제 개시(2007년 10월), 종합시장 개장일수 및 판매품목 제한(2008년 10월), 종합시장 공간 축소(2009년 6월) 등을 시행했다. 시장 축소 조치는 주민들의 반발로 완화됐지만 이같은 조치들은 김정은체제에서도 단기간에 완화되지는 않을 것으로 전망된다. 서로 모순되는 조치 같지만 계획경제의 틀을 고수하는 한 북의 입장에서는 경제정책에서의 조화와 균형의 문제라고 할 수 있기 때문이다.

따라서 시장가격을 반영한 가격정책 실시, 공장·기업소의 자율성 확대 등의 경제개선조치가 전면적으로 시행된다고 하더라도 외부에서 요구하고 있는 '계획경제를 포기하는 경제개혁'은 당분간 기대하기 어렵다. 다만 국영상점과 종합시장이 아닌 슈퍼마켓과 전문상점 등 '제3의 상업(유통)망'의 확대, 새로운 경제관리체계의 전면 도입 등은 북 주민들의 생활과 사고방식에 큰 영향을 미칠 것으로 예상된다.

단기간에 성과 내기 쉽지 않은 상황

또한 경제특구 중심의 북의 대외개방도 유동적인 동북아정세로 단기간에 큰 성과를 내기는 쉽지 않아 보인다. 김정은 제1위원장은 4월 15일 연설에서 "인민생활 향상을 총적 목표로 내세우고 있는 우리 당과 공화국 정부에 있어서 평화는 더없이 귀중하다"라며 '평화'의 중요성을 강조했다. 그러나 그는 "우리에게는 민족의 존엄과 나라의 자주권이 더 귀중하다"라고 발언해 자주권 보장을 전제로 제시했다. 핵 개발이 자주권 보장의 담보라는 북의 주장을 감안할 때 북핵문제 해결이 쉽지 않다는 점을 시사한다. 최근에도 북은 동북아의 안보환경이 근본적으로 변화하지 않는 한 핵 능력도 계속 확장해 나갈 것이라고 주장했다. 즉 북핵문제가 언제든지 다시 불거질 수 있고, 이는 북한의 대외개방 구상과 충돌할 수밖에 없을 것이다. 다만 중국이 '북한문제'와 '북핵문제'를 분리해 대응하고 있기 때문에 북이 추가 핵실험을 하지 않는 한 북중경협은 지속될 것으로 전망된다.

북의 내부 경제개선과 대외개방을 성급하게 체제개혁과 전면 개방으로 연결시키는 것은 '주관적 희망'에 불과하며, 역으로 북핵문제 해결 없이 김정은시대 북의 경제노선이 빠른 시일 안에 큰 성과를 거둘 수 있을 것이라고 보는 것도 '주관적 기대'일 뿐이다.

노선 차이가 아니라 속도와 자금 관할 문제

그런 점에서 김은시대 북의 공식 경제노선과 장성택의 경제노선 사이에 어떤 차이가 있었는지를 파악하기는 정보 부족으로 판단하기 쉽지 않다. 오히려 당 행정부가 관할했던 각종 무역회사나 이권사업, 광산개발사업 등을

북한 13개 경제개발구·신의주 특구

특수경제지대   경제개발구

1 특수경제지대 평안북도 신의주시
① 압록강경제개발구 평안북도 룡운리(신의주시로 편입)
2 신평관광개발구 황해북도
3 송림수출가공구 황해북도
4 만포경제개발구 자강도 만포시 미타리, 포상리
5 위원공업개발구 위원군 덕암리,고성리
6 현동공업개발구 강원도 원산시 현동리
7 흥남공업개발구 함경남도 함흥시
8 북청농업개발구 북청군 부동리, 종산리
9 청진개발구 함경북도
10 어랑농업개발구 함경북도
11 온성섬관광개발구 함경북도
12 혜산경제개발구 양강도
13 와우도수출가공구 남포시

북한   동해
평양
서울   남한

내각으로 이관하는 문제를 두고 갈등이 표면화 됐을 가능성이 크다.

　실제로 북의 특구와 개발구 개발과정에서 주목할 대목은 조선합영투자위원회와 국가경제개발위원회가 내각에서 집행하는 예결산에 포함되지 않은 독자적인 재정운용을 해왔다는 점이다. 2013년 5월 29일 경제개발구법이 제정된 뒤로는 다시 국가경제개발위원회가 경제특구와 경제개발구를 총괄하는 중앙기구로 등장해 사실상 조선합영투자위원회를 흡수통합한 것으로 보인다. 국가경제개발위원회는 해외투자 유치 경험을 가진 인사들로 지도부가 구성됐으며, 내각이 총괄하는 재정과는 별도의 재정구조로 운영되는 것으로 알려졌다.

　군부의 경제권을 내각으로 이월하고 있는 상황에서 내각과 별개의 재정구조를 갖는 곳은 당 밖에 없는 것으로 보여, 장성택이 국방위원회 부위원장 자격이 아니라 당 행정부장 자격으로 이를 총괄했던 것으로 보인다. 일부 북측

관계자들은 인프라 건설과 관광사업, 특구과 개발구를 총괄하는 경제분야를 내각이 관할하는 제1경제, 국방산업을 총칭하는 제2경제와 분리해 제3경제로 부르기도 했다.

당 행정부가 운용하는 '제3경제'는 주요 광물자원과 관광자원을 밑천으로 삼아 기존 내각경제에서 수행하기 어려운 국가 차원의 프로젝트들을 진행하고 있는 것으로 관측된다. 신의주-개성 철도·도로 연결사업의 경우 투자자금 상환 물건으로 평남 대흥군에 있는 20톤 매장량이 확인된 대흥금광을 내놓은 것으로 전해진다.

그러나 2013년 국가경제개발위원회 위원장에 50대의 김기석이 임명되고, 국가경제개발위원회 당비서에 김양건 비서의 동생인 김양국이 임명되면서 국가경제개발위원회를 관장하려는 당 행정부와 갈등이 발생했을 가능성이 있다. 당 행정부가 주도했던 국가경제개발위원회를 내각 주도로 변경하는 문제에서 장성택이 '사실상 거부' 했을 가능성이다.

장성택이 경제특구 확대정책에 '속도조절론'을 제기했다는 설도 있다. 북의 공식입장은 경제특구를 계속 확대해 나가겠다는 것이다. 2013년 10월 경제특구 개발을 위해 출범시킨 조선경제개발협회 윤영석 국장은 장성택 숙청 이후인 12월 15일 평양에서 가진 AP통신과의 인터뷰에서 장성택 처형이 북의 경제정책 변화로 이어지지는 않을 것이며 북은 외국의 투자를 유치하기 위한 경제개발구 관련 계획을 계속 추진할 것이라고 강조했다. ☼

8.

—

김정은시대 북은 어디로 가나?

남북대화 복원하고
6자회담에 주도적으로 나서야 한다

장성택 숙청이후 김정은 국방위원회 제1위원장은 홀로서기를 하며
새로운 젊은 세대와 함께 과거와 다른 '또 다른 북'을 만드는 출발선에 서 있다.
장성택의 숙청으로 사실상 '과거'와의 단절을 천명한 북은
우선 김정은 유일영도체제를 공고히 하는 방향으로 움직이고 있다.
이러한 북의 흐름에 우리는 어떻게 대응할 것인가?

북, 일심단결 촉구

장성택 숙청 이후 북의 매체들은 '백두혈통'을 강조하며 "우리의 심장인 혁명의 수뇌부를 목숨 바쳐 사수하자", "김정은 결사옹위의 성새를 더 굳건히 다지자"는 내용을 잇달아 강조하며 주민들의 일심단결을 촉구하고 있다. 일단 2014년 열릴 것으로 보이는 최고인민회의 제12기 8차회의에서 어느 정도의 세대교체가 이뤄질지 주목된다. 국방위원회와 내각 등에 대한 인사권을 가진 최고인민회의를 통해 대대적인 인사쇄신에 나설 수 있기 때문이다. 노동당 대표자회를 열어 노동당 인사들에 대한 대대적인 교체작업을 할 수 있을 것이라는 전망도 나온다.

특히 2013년 개성공단 폐쇄의 발화점이 됐던 키 리졸브, 독수리 등 한미 합동군사연습에 북이 강하게 반발할 경우 다시 한반도의 위기가 고조될 수도 있다. 북미관계 개선과 6자회담 재개 전망도 그다지 밝지 않다. 2013년 말 중국 정부의 6자회담 개최를 위한 중재노력이 발 빠르게 전개됐지만 한·미·일 정부는 북에게 '선(先) 비핵화 조치'를 요구해 회담은 열리지 못했다.

개성공단 남북 공동위 회의 개최

다행스러운 점은 북이 장성택 숙청에도 '아무 일 없었다'는 듯이 예정된 대외 일정을 소화하고 있다는 점이다. 남북관계에서도 양자간 유일한 사업인 개성공단만큼은 기존의 협력 기조를 유지하고 있다. 장성택 숙청 당일인 12월 12일 북은 남측에 개성공단 남북 공동위 제4차 회의 개최를 제안하고, 정부가 제의한 주요 20개국(G20)과 국제금융기구 대표단의 개성공단 방문도 수용했다.

이에 따라 남북은 2013년 9월 16일 3차 회의 이후 석 달만에 개성공단 종합지원센터에서 4차 회의를 열었다. 장성택 처형 이후 첫 남북 당국 간 회담이었다. 특히 북은 이날 밤 회의 개최 소식을 신속히 보도하기도 했다. 북이 장성택 숙청에도 개성공단을 정상적으로 해나가겠다는 의지를 보여준 것이라는 해석이 나온다.

6자회담 재개가 관건

문제는 역시 남북대화와 핵문제 해결에 북이 얼마나 전향적으로 나오느냐에 있다. 또한 북과 중국이 6자회담을 빨리 열자고 촉구하고 있으나 미국과 남측이 북의 비핵화 사전조치를 요구하며 회담 재개에 응하지 않는 상황이 변화되느냐도 큰 변수다. 북은 어떤 선택을 할 것인가?

"김계관 외무성 제1부상과 리용호 외무성 부상 등 북측 참가자들의 발언을 들으며 북핵 문제 해법에 대해 북·중이 상당히 긴밀하게 사전 조율을 했다는 느낌을 받았다. 북도 사전조치를 해야겠지만 미국도 북에 대한 적대적 정책을 바꿀 필요가 있다는 것이 중국 입장인 것 같다. 북이 계속 주장하는 것은 9·19 공동성명을 보면 상호존중과 평등, 그리고 동시 행동원칙에 따르기로 되어 있는데 왜 자신들에게만 선(先)조치를 하라고 주문하느냐는 것이다. 이는 미국이 잘못한 것은 하나도 거론하지 않고 왜 자신들한테만 질타하느냐는 뜻으로 해석할 수 있다.

김계관 제1부상이 '빛이 한 곳에 비춰지면 그림자도 상당히 짙은 법'이라는 말을 했는데, '왜 우리만 비춰보냐, 미국이나 다른 나라도 비춰봐야 하는 것 아니냐, 미국이 잘못 나올 수도 있는 것 아니냐, 평등하게 하자'는 북측의 메시지인 것 같다. 중국도 다분히 이런 시각에 동조하는 것 같은 인상을 받았다.

북과 중국, 회담 재개 촉구

쉬부 중국 6자회담 차석대표는 '북미 양자 모두가 진정성을 보여야 한다, 9·19 성명의 기본 원칙으로 돌아가야 한다. 한반도 비핵화를 위해 모두 노력해야 하고 미국도 북의 안보 우려를 해소해주고 북의 정치체제를 존중해줘야 한다. 호혜평등원칙이 존중되어야 하고 이를 위해서는 정치적 지혜와 전략적 용기가 필요하다'고 주장했다. 쉬부 대표가 사실상 6자회담 관련 정책을 만드는데, 이걸 보면 중국의 대북정책이 변했다고 보기 힘들다.

북이 기존에는 자신들은 비핵화에 관심이 없고 6자회담과 9·19공동성명은 이미 무효화됐다고 주장한 바 있다. 그런데 이번에 김계관, 리용호 등의 발표자들이 비핵화는 김일성·김정일의 유훈이고 자신들의 정책적 목표라고 밝혔다. 그러면서 자신들이 비핵화 조치를 할 테니 안보 우려를 해소해달라고 말하더라. 리용호 부상은 김정은 국방위원회 제1위원장이 경제를 우선시하고 있다면서 지난 3~4개월 동안 벌였던 활동의 90%가 경제 현장 현지지도였다고 강조했다. 또 군부대에 들어가서도 군사 전략보다는 병사들의 복지에 신경 쓴다고 했다. 그만큼 경제에 전력을 다하고 있다는 뜻이다.

"미국이 적대적 정책을 버리면 핵무기를 포기할 수 있다"

북의 입장은 9·19 공동성명에 나와 있는 동시 행동 원칙으로 가야 한다는 것이다. 핵실험은 미국이 자신들에 대해 적대적 행동을 했기 때문이고, 미사일 발사는 미사일이 아니라 로켓이라고 미국에 미리 통보했음에도, 미국이 인정해주지 않은 것이라고 주장하고 있다. 즉 우주의 평화적 이용 권리라는 자신들의 고유한 자주권도 미국이 인정해주지 않는다는 주장이다.

그러면서 리용호 외무성 부상이 방코델타아시아(BDA)이야기를 하더라. 당시 9·19 공동성명이 발표된 지 하루 만에 미국 재무부에서 BDA의 북한 계좌를 동결시켜버리면서 공동성명의 이행이 지지부진해졌다. 리 부상의 주장은 이런 것이말로 미국측의 대북 적대 행위라는 것이다. 미국은 언제나 옳고, 이에 대한 북의 대응은 도발적 행동이라고 규정해버리면 어떻게 미국과 일을 같이할 수 있겠냐는 것이다.

리용호 부상이 이런 말을 하더라. 'If we do not feel safe, we cannot give up our nuclear weapons', 즉 우리가 체제 안전을 확신할 수 없는데 어떻게 핵무기를 포기할 수 있느냐고 말하더라. 이게 북의 핵심 메시지다. 미국이 적대적 정책을 버리면 핵무기를 포기할 수 있다는 것이다."

2013년 9월 18일 중국 북경에서 열린 '6자회담 10주년 기념 국제 토론회'에 민간 전문가 자격으로 참석하고 돌아온 문정인 연세대 정치외교학과 교수의 전언이다. 이 토론회는 6자회담 의장국인 중국이 외교부 산하 국제문제연구소 주관으로 열린 1.5트랙(반관반민) 형식의 국제회의였다. 여기에는 6자회담 참가국들의 북핵 문제 당국자들과 민간 전문가들이 참석했다.

미국과 한국, 소극적 태도로 일관

흥미로운 점은 토론회에 나온 참석자들의 면면이다. 북·중·러는 6자회담 대표 등 책임 있는 당국자들이 참가한 반면 한·미·일은 중·하급 관리와 학자 등 옵서버로 참가했다. 중국의 경우 왕이 외교부장과 우다웨이(武

大偉) 6자회담 수석대표, 쉬부(徐步) 6자회담 차석대표 등 북핵 관련 핵심라인이 다 나왔다. 북도 김계관 제1부상, 6자회담 수석대표인 리용호 부상, 최선희 미국 담당 부국장 등 핵심 라인이 다 참석했다. 러시아는 6자회담 차석대표가 왔다. 그리고 이들은 옵서버가 아니라 정식대표였다.

반면 한국은 중국 대사관의 공사 참사와 외교부 본부의 북핵과장이 나왔고, 일본은 주중 일본대사관 참사관, 미국은 1등 서기관 3명이 왔다. 이들은 모두 옵서버 자격으로 참석했다. 한국은 그나마 한중 관계를 고려해서 이 정도 인사가 나온 것이라고 한다. 한·미·일 3자는 원래 '공식 대표는 보내지 말자' 쪽으로 조율했으나 한국은 중국 입장을 생각해서 급을 조금 높였다는 것이다.

6자회담 재개를 두고 한·미·일 대 북·중·러의 대결 구도를 구체적으로 보여준 셈이다. 이러한 구도의 축소판은 2013년 9월 19일(현지시간) 미국 워싱턴 국무부에서 가진 존 케리 미 국무장관과 왕이 중국 외교부장의 회담에서도 그대로 노출됐다. 외교소식통들에 따르면 이 회담에서 왕이 중국 외교부장은 "한반도의 비핵화를 실현하고 동북아의 평화·안정을 수호하는 것은 두 나라의 공동 이익"이라며 "6자회담을 조속히 재개하자"고 제안했다. 이에 대해 케리 장관은 "북이 비핵화와 관련해 기존 합의와 약속을 어긴 사례들이 있었다"며 제안을 일축했다고 한다.

회담 전 왕 부장은 "6자회담을 어떻게 재개할지, 비핵화 프로세스를 어떻게 효과적으로 추진할 지에 대해 미국과 새롭고 중요한 합의를 도출할 자신이 있다"고까지 밝혔지만 미국은 주로 시리아 문제에 집중했고, 북핵 문제는 서로의 입장 차만을 확인하는 수준에 그친 것으로 전해진다. 미국의 입장에서는 시리아 문제 이외에도 이란 '핵개발 의혹'과 중동평화 정착 문제가 북핵 이슈보다 우선순위에 있다는 게 대체적인 평가다.

북 핵보유 인정 발언 파문

이러한 상황에서 "북은 이미 핵무기를 갖고 있다"는 미국 백악관 관리의 발언실수(?)가 나와 새로운 파문을 던졌다. 미국은 북의 3차 핵실험 이후에도 여전히 북에 비핵화 의지를 보이는 조치를 선행할 것을 요구하고 있지만 실제론 북의 핵무기 보유를 기정사실화 한 것 아니냐는 해석이 가능하기 때문이다.

2013년 9월 23일(미국동부시각)에 있은 벤 로건 백악관 국가안보회의(NSC) 부보좌관의 발언은 '이란의 핵문제를 외교적으로 해결할 수 있다'는 맥락을 강조하면서 나왔다. 이날 핵문제를 논의하는 'P5+1'(UN안전보장이사회 5개국 + 독일)과 이란 사이의 협상에 대한 긍정적인 전망을 내놓은 로건 부보좌관은 기자로부터 '베냐민 네타냐후 이스라엘 총리가 이란을 북에 비교하고 있다'는 질문을 받았다. '이란을 믿을 수 있느냐'는 것이 질문의 초점이었다. 이에 대해 로건 부보좌관은 "(네타냐후 총리의) 그 비교는 단순히 이들 두 국가가 국제 비확산 규범을 지키지 않는다는 의미"라고 평가절하하면서 "실제로는 그들(북)은 이미 핵무기를 가지고 있다, 그들은 핵무기를 획득했고 2006년 초에는 시험도 했다, 그러나 이란은 핵무기를 아직 보유하지 못하고 있다"고 말했다. 북과 이란의 차이점을 강조하면서 '북은 이미 핵무기를 갖고 있다'고 말한 셈이다.

여기에 더해 로건 부보좌관은 "이것이 바로 이란이 핵무기를 갖지 못하게 막는 조치를 취할 필요가 있는 중요한 이유"라며 "북처럼 이미 문턱을 넘은 국가의 비핵화를 추진해야 하는 것과 같은 상황에 놓지 않으려는 것"이라고 설명했다. 북을 두고 '이미 문턱을 넘은 국가'로 규정한 것이 주목된다.

이 발언이 알려지자 곧바로 미국의 핵정책이 '북이 핵무기를 보유하지 못하게 하는 비핵화(denuclearizaton)가 아니라 북의 핵무기가 다른 나라로 옮겨지는 걸 막는 비확산(nonproliferation)으로 옮겨가고 있는 것 아니냐 는 해석이 제기됐다. 정세현 원광대 총장(전 통일부장관)은 "미국의 대외적인 정책목표가 아닌 실제 목표가 북의 핵보유를 사실상 인정하고 비핵화에서 비확산으로 이동한 게 엿보이는 발언"이라고 해석했다.

물론 미국은 북을 실질적인 핵국가로 '인식'한다고 해도 북에 대한 비핵화라는 대외적 목표는 확실하게 유지할 것이다. 문제는 현재 미국이 북핵 문제를 풀 어떤 대안도 보여주지 못하고 있다는 점이다.

북 원심분리기 자체 생산?

2013년 9월 24일 AP통신에 보도된 군축·비확산 전문가인 조슈아 폴락 과학응용국제협회(SAIC) 연구원과 매사추세츠공과대학(MIT) 원심분리기 전문가 스콧 켐프 박사의 분석결과도 주목된다.

이들은 북이 핵무기용 고농축 우라늄을 만드는 원심분리기 핵심 부품을 자체 생산하고 있다는 분석을 제기됐다. 폴락 연구원은 북이 원심분리기 6대 핵심 부품인 6불화우라늄, 진공펌프기, 주파수 인버터, 자기베어링, 머레이징 강철, 컴퓨터 수치제어(CNC) 유동성형기계의 부품을 모두 자체 생산하는 것으로 파악했다. 북이 원심분리기를 자체 생산할 수 있다면 국제사회가 북핵 개발을 막기 위해 취해 온 수출통제와 제재 조치가 사실상 무의미하다는 뜻이다.

북의 핵개발 프로그램을 추적하는 방법도 사실상 불가능해진다. 폴락 연구원은 "만약 북과 비핵화에 합의해도 북의 우라늄 농축 능력을 합리적으로 검증할 방법이 없게 된다"고 우려를 표명했다.

딜레마에 빠진 미국

　아주 단순하게 정리하면 미국이 '핵보유국의 문턱을 넘은 국가', 원심분리기를 자체 생산해 고농축 우라늄을 자력으로 만들어 낼 수 있는 북과의 비핵화 회담은 사실상 불가능하다고 판단하고, 핵과 핵능력의 비확산 및 핵의 운반수단인 대륙간탄도미사일 개발 저지쪽으로 방향을 전환한 것이 아닌가라는 추론이 가능하다. 미국이 비핵화보다는 북미관계정상화와 한반도 평화조약 체결 등이 부각될 가능성이 높은 6자회담 재개에 소극적으로 대하면서 국제사회의 경제제재 강도를 높여 북 정권의 붕괴를 기대하고 있는 것이 아닌지 의심스럽다.

　그렇기 때문에 계속 '중국역할론'을 내세워 중국의 대북제재 동참을 이끌어 내 북을 압박하려는 태도를 취하고 있다고도 볼 수 있다. 그러나 미국 의회의 정책입안과 법안작성에 필요한 분석자료를 제공하는 의회조사국(CRS)이 2013년에 펴낸 〈북한: 대미관계, 핵외교, 내부상황〉이라는 제목의 보고서조차도 "새로운 대북제재에 동의했음에도 불구하고 중국 지도부의 후속발언들은 근본적인 대북 정책을 바꾸지 않았음을 보여준다"며 "북 김정은정권은 권력의 정점에 서서 단결된 힘을 가진 것으로 보인다"고 평가했다. 미국으로서는 이러지도 저러지도 못하는 난감한 상황에 처한 셈이다.

　대북정책을 실무적으로 총괄하고 있는 대니얼 러셀 미국 국무부 동아태 차관보의 발언은 이러한 고민의 일단을 잘 보여준다. 2013년 9월 초에 서울을 방문해 북핵 6자회담 재개 문제와 관련 "협상 재개가 완전한 비핵화에 이르는 신속한(rapid) 로드맵 도출에 성공할 것이라는 확실한 신호(indication)를 원하고 있다"며 "북이 이런 신호를 보여줘야 한다. 이는 자의적인 전제조건이 아니다"라고 밝혔다. 이는 북이 단기간에, 신속하게 비핵화를 하겠다는 의지를 분명히 해야 6자회담재개가 가능하다는 것이다. 북이 요구하고 있는 대북적대시정책 포기, 평화조약 체결 등은 전혀 언급을 하고 있지 않다는 점에서 사실상 회담 재개 의사가 없다는 점을 우회적으로 표현한 것에 불과하다.

요구만 있지 대안이 없다

문정인 교수는 "미국이 원하는 것은 '2·29합의 플러스 알파'인데 2·29합의는 북의 미사일과 핵실험 동결, 영변 관련 핵 활동 중단, IAEA 사찰 허용, 이와 관련한 추가 도발적 행동 금지 등을 기본으로 하고 있다. 여기에 미국이 말하는 '알파'라는 것은 케네스 배 석방, 도발적 행동과 언행 자제, 그리고 최근 재가동을 시작한 것으로 보이는 영변 흑연감속로 중단 등으로 볼 수 있다"라고 설명했다.

현재로서는 북이 한국과 미국이 요구하고 있는 '2·29 합의 플러스 알파' 수준의 전향적 제안을 내놓거나 아니면 한미가 어쩔 수 없이 대화에 나설 수밖에 없는 '강력한 카드'를 보여주지 않는다면 대화재개는 힘든 상황이다. 일단 북은 전자를 택할 가능성이 크다.

특히 북이 이같은 '2·29합의 플러스 알파'에 해당하는 조치를 내놓는다고 하더라도 미국에 이에 상응하는 '비적대적 대북조치'를 제시할 의지와 준비가 돼 있지 않다는 점이 우려되는 상황이다.

북은 2013년 8월 29일 발표된 국방위원회 정책국 대변인 담화를 통해 "건설적이며 과감한 평화적 조치"를 언급했다. 우다웨이 대표의 방북 기간(26~30일)에 나온 점이 주목된다. 은연중 중국과 협의를 거친 조치라는 점을 시사한 것이다. 이와 관련 재일본조선인총연합회 기관지 《조선신보》(8월 31일)

는 "그동안 평화 대화의 시작에 이러저러한 전제조건을 달면서 대결 노선에 집요하게 매달려온 미국과 남조선 당국이 더이상 시비할 수 없는 대범한 행동 계획, 통이 큰 문제타결안이 구상됐을 수 있다"고 밝혔다. 이 신문은 "지금 조선(북)이 열어제끼려고 하는 전환의 국면은 몇 해 전에 중단된 다자회담을 다시 개최하는 차원에 머물지 않는다"며 "영도자의 뜻을 구현한 대화 제안, 평화 공세의 조준은 조선반도와 동북아시아 지역의 오랜 역사적 현안을 거침없이 해결해 나가는 데 맞춰져 있다"고 강조했다. '2·29 합의 플러스 알파' 수준의 '평화적 조치'가 가능하다는 메시지인 셈이다.

'2·29 합의'는 잠정적 합의

2012년 2월 23~24일 베이징에서 진행된 3차 고위급회담 후 북미 양국에서 동시에 발표된 '2·29 합의' 과정에서도 북은 과거의 입장에서 벗어나 유연성을 발휘한 바 있다. 우선 북은 2006년 1차 핵실험 이후 유엔의 대북제재가 발효된 후 일관되게 주장해온 '대화와 제재는 양립할 수 없다'는 입장에서 한 발짝 물러섰다. 그 동안 북은 일관되게 "미국과 국제사회의 제재는 '불신의 표현'(an expression of distrust)"이라며 6자회담이 재개되기 전에 해제돼야 한다고 공식 요구했다. 그런데 '2·29 합의'에서는 대북제재 해제를 6자회담 복귀의 선결조건으로 삼지 않았다.

둘째, 북은 2010년 1월 외무성 성명을 통해 한반도의 정전협정을 평화협정으로 바꾸기 위한 회담을 개최하자고 제의한 이후 적어도 6자회담에서 평화협정과 비핵화문제가 동시에 의제가 돼야 한다는 입장을 보였는데, '2·29 합의'에서는 이를 합의의 전제조건으로 삼지 않았다. 북은 미국의 요구를 수용해 정전협정의 준수를 언급했지만 '평화협정이 체결되기 전까지'라는 단서를 달았다.

북이 당장 미국과 남측이 받기 어려운 대북제재 해제와 평화협정 문제에 대해 유연한 태도를 보임으로써 '2·29 합의'가 가능했던 것이다. 물론 북은 이 합의내용에 많은 복선을 깔아 미국이 합의를 지키지 않을 것에 대해 대비했다. 그런 점에서 '2·29 합의'는 '잠정적 조치'의 성격이 강했다. 북은 "6자회담이 재개되면 우리(북)에 대한 제재해제와 경수로 제공 문제를 우선적으로 논의하게 될 것"이라고 밝혀 이 문제가 '적절한 시점'에 담보가 되지 않을 경우 합의 이행이 어렵다는 점을 분명히 했다. 북측의 발표문에 나와 있는 것처럼 "결실 있는 회담이 진행되는 기간", 혹은 "농축활동을 임시중지 하고", "추가적인 식량지원을 실현", "행정 실무적 조치들을 즉시 취하기로", "미국은 조선을 더 이상 적대시하지 않고", "자주권 존중과 평등정신에서 쌍무관계를 개선"과 같은 사항들을 미국이 충족시키지 않을 경우 언제든지 합의가 깨질 수 있음을 시사한 것이다.

북, '2·29 합의 플러스 알파' 준비

결과적으로 북은 대북제재 해제와 평화협정 논의를 후순위로 '양보'하면서도 이러한 문제들이 적절한 시점에서 논의되지 않을 경우 언제든지 비핵화조치를 원상으로 되돌릴 수 있다는 점을 전제로 깔아놓은 셈이다. '2·29 합의'가 무산된 요인도 여기에 있다. 표면적으로 보면 북의 위성(로켓)발사가 빌미가 됐지만 내면을 들여다보면 북의 비핵화조치에 대한 미국의 상응조치가 이뤄지지 않거나 준비돼 있지 않았던 것이다. '잠정 합의'란 '2·29 합의'의 한계가 그대로 드러난 셈이다.

따라서 '2·29 합의'를 뛰어넘는 북의 추가적인 '평화적 조치'('2·29 합

김정은 제1위원장의 경제부문 현지지도 (2013년 1~6월)

보도일	현지지도 등	지 역	부 문	동행자	참고
3.11	룡정양어장 (룡연군)	황해남도	식료	최룡해 김격식 김영철 박정천 림광일 안지용	
3.18	전국경공업대회 연설	평양	경공업		▲
3.24	식당유람선 대동강호	평양	상업		
4.27	해당화관	평양	상업	리설주	
4.30	양각도축구경기장	평양	건설	리설주 최룡해 장성택 현영철 리영길	△
5.5	국가과학원 생물공학분원 잔디연구소	평양	국토관리	최룡해 최태복 박태성 황병서	
5.6	조국해방전쟁승리기념관 건설장	평양	건설	최룡해 황병서 마원춘	△
	문수물놀이장 건설장	평양	건설		△
	미림승마구락부	평양	건설		△
5.14	강태호 동무가 사업하는 기계공장	* 미공개	기계	최룡해	
5.16	인민군 2월 20일공장	* 미공개	식료	최룡해 전창복	
5.18	룡문술공장	평안북도	식료	최룡해 전창복 박정천 서홍찬	
5.21	인민군 제621호 육종장	* 미공개	농업		
5.26	인민군 제639군부대 관하 동해후방기지	강원도	식료	손철주 전창복 박정천 서홍찬	
	인민군 제534군부대 관하 종합식료가공공장	강원도	식료		
	마식령스키장	강원도	건설	손철주 전창복 박정천 서홍찬	
5.28	인민군 제313군부대 관하 8월 25일 수산사업소	* 미공개	어업	최룡해 김격식 장정남 리영길 손철주 렴철성 전창복 윤동현 조경철 안지용 김수길 황병서	
5.31	인민군 제1521호기업소 성천강그물공장	함경남도	어업	최룡해 장정남 손철주 최 휘 박태성 마원춘	
	마전해수욕장	함경남도	건설		△
6.2	인민군 제549군부대 돼지공장	* 미공개	식료	박정천 안지용 최 휘 박태성	
6.3	고산과수농장	강원도	농업	김격식 최 휘 박태성 박정천 안지용	

날짜	내용	장소	부문	수행자	
6.4	전체 군대와 인민에 호소문 - 마식령속도 창조	평양	건설		▲
6.5	보성버섯공장	* 미공개	식료	김경옥 최 휘 박태성 황병서	
6.7	평양기초식품공장	평양	식료	최룡해 문경덕 백계룡 최 휘 박태성 전창복	
6.13	창성군의 여러 부문 사업	평안북도	지방	최룡해 최 휘 박태성 리만건	
6.14	대관유리공장	평안북도	광학	최룡해 최 휘 박태성 홍영칠 리만건	
6.17	허철용 동무가 사업하는 기계공장	* 미공개	기계	최룡해 최 휘 박태성 홍영칠 손철주 윤동현	
6.19	1월18일기계종합공장	평안남도	기계	최룡해 홍영칠 윤동현 한성호	
	남흥청년화학연합기업소	평안남도	화학	최룡해 박태성 김영남	
	안주시 송학협동농장 남새온실	평안남도	농업		
6.22	강계뜨락또르종합공장	자강도	기계	최룡해 박태성 강관일 황병서 홍영칠 윤동현 박정천 김택구 류영섭 김춘섭	
6.23	강계정밀기계종합공장	자강도	기계		
	장자강공작기계공장	자강도	기계		
6.24	노동자들과 모란봉악단 공연 관람 후 연설	자강도			▲
6.28	룡성기계연합기업소 2월11일공장	함경남도	기계		
6.29	신흥기계공장	함경남도	기계		

상기 36회 ▲표시(3회) △표시(5회) 부분은 직접적인 경제부문 현지지도는 아니지만, 넓게 보면 경제부문과 관련된 활동이어서 표에 포함시킴.

의 플러스 알파')를 유도하기 위해서는 이에 상응하는 미국의 조치도 수반돼야 한다. 러셀 차관보는 2013년 9월 방한 중에 "나는 북의 말과 행동에 근거한 증거를 본다"면서 "무엇을 할 필요가 있는지는 북도 분명히 알 것"이라고 말했다. 역으로 2012년 4월 방북해 북측과 비밀대화를 나눴던 러셀 차관보로서는 북이 무엇을 요구하는지도 잘 알고 있을 것이다.

2013년 '6자회담 10주년 기념 국제 토론회'에도 참석한 북 최선희 부국장은 2012년 7월 31일부터 8월 2일까지 싱가포르에서 열린 북미 민간급회의(트랙2)에 참석해서도 '6자회담 10주년 기념 국제 토론회'에서 북측 대표단이

❙ 원산경제특구 내 마식령에 건설되고 있는 숙박시설과 스키주로의 모습. 북은 장성택 숙청에도 불구하고 경제특구건설에 주력할 것으로 전망된다. ⓒ박상권

한 발언과 비슷한 내용을 미국 측에 전달한 바 있다.

"김정은 제1위원장은 영원한 적도 영원한 친구도 없다는 김정일 국방위원장의 노선을 변경하지 않고 있다. 김 제1위원장은 미국이 북한에 대해 적대시정책을 강요하지 않는다면 양국 간에 좋은 관계를 맺을 수 있다고 믿고 있다. 김 제1위원장은 지금 인민생활에 집중하고 있고, 경제를 향상시키기를 원하며, 인민들의 민생에 초점을 맞추고 있다."

미국은 북의 요구 거부

이때 최 부국장은 "미국이 계속해서 제재와 적대시정책을 강조하는 한 2·29합의의 일부라도 되살릴 수 있는 길은 없다"는 점을 분명히 했다. 비핵화의 전제조건으로 미국에 대북 적대시정책 폐기와 경제제재 해제, 평화조약 체결과 관계정상화를 요구한 것이다. 2005년 '9.19공동성명'이나 2009년 12월 오바마 행정부 출범 후 첫 북미 간 고위급회담이었던 스티븐 보즈워스 미국 대북정책 특별대표의 방북 때도 북은 일관되게 북핵문제(한반도비핵화)와 평화협정 논의가 병행돼야 한다는 점을 강조했다.

표면적으로 보면 '한반도비핵화프로세스(先북핵폐기)'의 진전을 강조하는 미국과 '한반도평화프로세스(先관계정상화)'의 진전을 강조하는 북의 입장이 팽팽히 맞서왔고, 현재도 타협점을 찾지 못하고 있는 상황이다.

사실 이러한 차이를 좁히고, 타협점을 찾는 유일한 해법은 이미 나와 있다. '9·19공동성명'에서 합의된 것처럼 '행동 대 행동의 원칙'에 입각해 '한반도비핵화프로세스'와 '한반도평화프로세스'를 동시에 추진하는 방법이다. 미국도 오랫동안의 북미협상을 통해 이점을 알고 있을 것이다. 이미 2006년 11월 18일 베트남 하노이에서 열린 한미 정상회담에서 조지 부시 미 대통령은 북한의 핵 불능화 후 체제보장 문제와 관련, 남과 북. 미국 3국이 '종전선언'과 평화조약에 서명하는 방안을 언급한 바 있다. 이를 통해 종전선언→종전협정→평화조약→평화체제 구축이라는 한반도 평화체제프로세스가 잠정적으로 마련됐고, 평화조약의 당사국도 '3자 또는 4자'로 합의됐다.

역시 문제는 북미간에 신뢰가 없다는 것이다. 지금까지 6자회담 과정에서 드러났듯이 한반도비핵화와 평화조약 관련 합의가 중요한 것이 아니라 이를 보장할 수 있는 상호 신뢰가 필요하다. 미국과 한국은 북이 '9·19공동성명'을 비롯한 각종 합의를 먼저 어겼다고 비판한다. 반면 북은 2000년대에 들어와 북미합의·6자회담 합의가 한국·미국·일본의 정권교체에 따라 뒤집어지거나 불이행됐다고 인식하고 있다.

또한 '한반도비핵화프로세스'와 '한반도평화프로세스'가 가지고 있는 비대칭성을 해소하는 것도 시급한 관건이다. '한반도비핵화프로세스', 즉 북핵폐기는 비가역적(irreversible)으로 비교적 단기에 이룰 수 있지만, 반대로 '한반도평화프로세스', 즉 북미관계정상화와 평화체제 구축은 장시간에 걸쳐 추진될 수밖에 없고 언제든지 가역적(reversible)이 될 수 있다는 점이다. 한 · 미 · 일은 6자회담을 통해 북핵시설 철거, 핵무기와 핵물질 폐기, 비핵화 검증 등 3개 분야를 수년 안에 달성하는 것을 목표로 하고 있는데, 과연 '한반도평화프로세스'도 이렇게 단기간에 이룰 수 있는지 의문이다.

'북미신뢰프로세스'를 기초로 '한반도비핵화프로세스'와 '한반도평화프로세스'가 병행 추진돼야

또한 '한반도평화프로세스'가 진행되는 과정에서 한국과 미국의 정권교체가 이루어지더라도 합의사항이 유지될 수 있다는 신뢰를 북에 어떻게 줄 것인지 고려돼야 한다. 박근혜 대통령이 강조하는 '신뢰프로세스'가 북미간에도 필요한 것이다. 전 미국 국무부 북한담당관이었던 조엘 위트 존스홉킨스대 국제관계대학원(SAIS) 연구원은 "우리가 북과 적대관계이고 관계개선에 의지가 없는 상태에서 북의 행동 중 이러저러한 것이 마음에 안 든다, 잘못됐다고 지적하기 시작하면 관계는 더욱 악화될 수밖에 없다"며 "우호적인 관계를 형성하기 시작하면서 여러 문제를 제기한다면 훨씬 큰 효과를 거둘 수 있을 것이다"이라고 조언한 바 있다. '북미신뢰프로세스'를 기초로 '한반도비핵화프로세스'와 '한반도평화프로세스'가 병행 추진될 때 한반도비핵화와 평화체제 구축이 가능한 셈이다.

북은 2013년 6월 미국에 고위급회담을 제안한 후 미국이 요구하고 있는 '확실한 비핵화 신호'를 언제 보낼 지 고민하고 있는 것으로 보인다. 북이 언급한 '평화적 조치'가 정세 변화에 어느 정도의 파괴력을 가질 지는 미지수다. 다만 미국이 호응한다면 2012년 '2 · 29 합의' 때보다 더 유연한 입장을 보일 것으로 예상된다. '미국은 조선과 관계정상화 할 준비가 돼 있는가?' 라는 질문과 함께.

그렇다면 미국과 한국은 북미관계정상화와 한반도평화조약에 대해 얼마나 준비하고 있는 것일까? 오바마 행정부는 제1기 행정부 때 취했던 '전략적 인내(strategic patience)'에서 북핵문제의 전략적 관리(strategic management)로 선회했지만 여전히 한반도비핵화와 평화체제 구축에 소극적인 태도를 보이고 있다. 중단기적 차원에서 북핵 상황이 더 악화하지 않도록 관리하면서 (先비확산) 비핵화를 장기적 목표로 접근하자는 것이다.

2013년 한미가 북한 핵위협에 대응한 '맞춤형 억제전략'을 완성하고 10월 초 서울에서 개최되는 한미안보협의회(SCM) 회의에서 서명하기로 한 것도 이같은 차원의 대응으로 보인다. 취임 전 "북핵 문제 해결을 위해 즉각 북·미 양자 협상은 물론 군축·정전 협정의 대체와 통일 문제까지 논의할 뜻이 있다"고 공언했던 존 케리 국무장관도 미국 내 대북강경 분위기에 몸을 사리고 있다.

우선 남북회담, 6자회담 개최해 대화의 장 마련해야

그러나 한미 군 당국이 최근 북이 언제든지 핵을 무기화 할 수 있는 수준에 도달한 것으로 평가한 것처럼 현실적인 고민은 '맞춤형 억제전략'으로는 북의 핵무기에 대응할 수는 있어도 북이 추진하고 있는 '핵의 소형화, 경량화, 다종화'를 근본적으로 막을 수 없다는 점이다. 미국이 북핵 문제에 대해 좀더 현실적으로 대처하는 방향으로 대북정책의 패러다임을 전환하지 않는다면 한반도비핵화는 그만큼 어려워질 수밖에 없는 조건이다.

최근의 상황은 비핵화 회담을 빨리 열자는 중국과 북이 문제가 아니라 준비가 안 돼 이를 회피하는 미국에 문제가 있다는 점을 보여준다. 한반도비핵화보다는 북핵위협을 내세워 '맞춤형 억제전략'을 세우고 미국 군산복합체의 이익을 위해 무기를 더 팔겠다는 속셈이 아니냐는 의혹은 그래서 나온다.

2014년 상반기 이전에 북미·다자회담이 다시 열릴 가능성이 큰 것으로 보인다. 그러나 장기적으로 북핵와 미사일문제를 근본적으로 해결하기 위해 클린턴 행정부에서 추진된 '페리프로세스'와 유사한 대북접근법이 마련돼지 않는다면 북미관계는 언제든지 대결국면으로 치달을 수 있는 불안정성을 그대로 유지한 채 접촉과 갈등이 지속될 것이다.

이러한 상황을 타개하기 위해서는 박근혜 정부가 중단된 이산가족상봉 행사와 금강산관광 재개회담을 다시 제안해 남북대화를 복원하고, 이를 기반으로 6자회담 재를 주도하는 것이 최선의 방법이다. 장성택 숙청이후 북의 불안정성을 이유로 '안보'에만 치중할 것이 아니라 박근혜 대통령이 2013년 광복절 경축사에서 밝혔듯이 '적극적 평화'를 위한 과감한 행보가 필요한 것이다. 남과 북, 북과 미국이 날선 공방을 하더라도 '성명전'이 아니라 대화의 테이블에서 할 해야 할 시점이다. 한반도의 위기 관리와 평화를 위해. ✿